Practical Aspects of
Asset Valuation and Auction in Civil Enforcement

民事执行评估拍卖实务

陈汉东 著

法律出版社
LAW PRESS·CHINA
北京

图书在版编目（CIP）数据

民事执行评估拍卖实务 / 陈汉东著. -- 北京：法律出版社，2024. -- ISBN 978 -7 -5197 -9506 -1

Ⅰ. D925.118.34

中国国家版本馆 CIP 数据核字第 2024VW7239 号

民事执行评估拍卖实务
MINSHI ZHIXING PINGGU PAIMAI SHIWU

陈汉东 著

责任编辑 孙 慧
装帧设计 李 瞻

出版发行 法律出版社
编辑统筹 司法实务出版分社
责任校对 王晓萍
责任印制 胡晓雅
经　　销 新华书店

开本 A5
印张 8.375　**字数** 148 千
版本 2024 年 10 月第 1 版
印次 2024 年 10 月第 1 次印刷
印刷 永清县金鑫印刷有限公司

地址：北京市丰台区莲花池西里 7 号(100073)
网址：www.lawpress.com.cn
投稿邮箱：info@lawpress.com.cn
举报盗版邮箱：jbwq@lawpress.com.cn
销售电话：010 -83938349
客服电话：010 -83938350
咨询电话：010 -63939796

书号：ISBN 978 -7 -5197 -9506 -1　**定价**：55.00 元

凡购买本社图书，如有印装错误，我社负责退换。电话：010 -83938349

自　　序

司法拍卖是人民法院依据法律规定，在执行案件中，通过拍卖方式将被执行人财产变现以实现申请执行人合法权益的强制措施。目前，司法拍卖已经成为执行程序中财产处置的主要途径，且随着经济和社会的发展，司法拍卖呈现出数量日益增加、范围不断扩大的趋势。司法拍卖涉及的主体多、程序复杂、利益交织，渎职、腐败的风险高，司法拍卖本应成为执行理论和实务研究的重点，但综观当下市面上的法学类书籍，有关司法拍卖的研究却少之又少，唯一住房是否可以拍卖？股权、知识产权的评估、拍卖流程是什么？法院是否承担瑕疵担保责任？拍卖成交后税费如何负担？这些问题都亟须一本全面、专业的司法拍卖类书籍进行解答。作为本书作者，我结合自己在人民法院系统执行局工作的实践经验及对执行法律、法规的学习与理解，编写了本书，目的就是对评估、拍卖的相关法律知识点以及热点、难点问题进行全面的梳理和解答，以供执行实务工作者以及执行理论研究者、社会大众参考。

本书主要由三编十二章组成，既有对评估、拍卖理论问题的探索，也涉及对评估、拍卖的一般问题和疑难问题的全面梳理和系统分析。从不动产、动产到财产性权益的定价、拍卖流程等一般性问题的介绍与梳理，到撤拍、悔拍、拍卖标的交付、税费负担等疑难复杂问题的研究分析，本书以全面、翔实的内容独开司法拍卖类书籍之先河。书中内容既是对既有研究成果的检视和反思，也是对司法拍卖可能路径的有益探索。当然，在本书编写的过程中，我对评估、拍卖的理论和实务也有了更深入的认识与理解，实现了自我认知的革新与蜕变。我衷心希望本书可以为司法工作者、法律学习者正确认识司法拍卖程序、精确理解司法拍卖法律规定、深入研究司法拍卖问题提供有益帮助。

五年三个月的执行经历，这本书是对自己过往的总结，亦是对过去的追忆，由于时间紧张，本书可能存在未被发现的错误或者纰漏，书中的观点也仅代表作者的个人观点，敬请广大读者批评、指正。

目　　录

第一编　评估、拍卖理论问题研究

第二编　评估、拍卖一般问题研究

第三编　评估、拍卖疑难问题研究

第一编

评估、拍卖理论问题研究

第一章　评估和拍卖概述

第一节　评估和拍卖的概念与性质

执行案件包括民事执行、行政执行、刑事裁判涉财产部分的执行，其中民事执行占据了执行案件的绝大部分。民事执行主要是对金钱债权的执行，由于被执行人可供执行财产类型的多样化，货币以外的其他类型财产不可避免地涉及被执行财产的变价问题。目前，我国对被执行财产变价的途径主要有拍卖、直接变卖、抵债及强制管理。为了避免表述的累赘，这里对民事执行中的拍卖采取“司法拍卖”的称谓。因司法拍卖为公开竞价，相比其他财产变价途径，其能最大限度地实现被执行财产的价值，故而成为我国适用比例最高的处置性执行措施。确定待处置财产的参考价为司法拍卖必不可少的前置程序，而评估作为确定财产处置参考价的方式之一，历史最久，与拍卖联系紧密。

一、评估的概念和特征

“概念的作用在于特点价值之承认、共识、储藏。从而使之构成特定文化的一部分，产生减轻后来者为实现该特定价值所必须之思维以及说明的工作负担。”[①]司法评估一词具有多种含义，如资产评估在司法鉴定中的实际运用，亦可指司法机关在合法性层面对政府政策的评估，还可指对司法的评价。为求表述简洁统一，下文对民事执行中的评估采取“司法评估”的称谓。

根据《资产评估法》第 2 条对评估的定义，该法所称的评估，是指评估机构及其评估专业人员根据委托对不动产、动产、无形资产、企业价值、资产损失或者其他经济权益进行评定、估算，并出具评估报告的专业服务行为。此处的评估是在社会主义市场经济条件下的行为。司法评估既与市场化评估活动有交集，又存在显著的不同。司法评估是指双方当事人在指定期限内从人民法院司法评估机构名单库（以下简称名单库）中协商确定的或采取摇号方式在名单库中随机确定的评估机构及其专业评估人员根据人民法院委托，运用专业知识与技能对待处置财产进行评定、估算，之后出具评估报告，作为人民法院确定司法拍卖保留价直

① 黄茂荣：《法学方法与现代民法》，中国政法大学出版社 2001 年版，第52 页。

接依据的专业服务行为。

与市场化的评估行为不同，司法评估具有以下显著特征。

一是强制性。司法评估的委托评估法律关系产生的基础为法定而非意定，评估程序的启动具有强制性，不以对待处置财产享有法定或意定权益的主体的意志为转移。司法评估中，评估机构由最高人民法院建设的全国法院询价评估系统通过摇号的方式随机选定或者由双方当事人协商确定，一经选定或确定，评估机构无正当理由不得拒绝进行司法评估。司法评估程序的启动、撤回及评估结果的认定权均由人民法院行使，当事人及其他利害关系人只能向执行法院提出相应异议。与司法评估不同，市场化评估中，委托评估法律关系产生的基础是委托人与评估机构一致的意思表示，双方的权利与义务均基于委托合同中的约定，委托人可选择的评估机构也不限于名单库。

二是评估标的的非自有性。市场化评估中的评估标的应当是委托人所有的或依法享有处分权的财产，与之不同的是，人民法院委托评估的是被执行人所有的或依法可以处分的财产。司法评估的控制权在人民法院，但执行法院并非评估标的的所有权人。

二、拍卖的概念和特征

拍卖又称竞卖，是指以公开竞价的方式将特定物品或财产权利转让给最高应价者的买卖方式，是缔结买卖合同的一种特殊方式。这是一般市场拍卖的概念即任意拍卖。司法拍卖则是法律规定的一项重要的强制执行措施，是指在强制执行程序中，人民法院根据法律所赋予的司法执行权，以国家强制力为后盾，将依法查封、扣押的财产以公开竞争出价的方式，选择出价最高者为应买人，将标的物变价取得价款并以之清偿被执行人的债务，实现申请执行人依生效法律文书所享有的合法权益的执行活动。《元照英美法词典》对“execution sale”解释为，行政司法官或其他行政官员依执行令拍卖已被扣押的债务人的财产，以拍卖所得清偿判决所确定的债务。拍卖是查封、扣押、冻结后的一项执行程序，对动产、不动产及财产权利的执行均可适用，只是在技术和程序上略有不同而已。

司法拍卖具有如下显著特征：

一是国家强制性。执行法院启动司法拍卖所依据的是法律赋予的强制执行权，该行为体现出国家公权力对私人意志的干预，不以对待处置财产享有法定或意定权益的主体的意志为转移。基于法律规定，执行法院在对特定物品或财产权利依法采取相应强制执行措施后，即可依法取得对该标的物的处分权，被执行人或其他对待处置财产享有法定或意定权益的主体（如担保人）对该财产的处分权被限制，拍卖程序的启动、中止、撤回均由执行法院决定。与司法拍卖不同，在任意拍卖中，对特定物品或财产权利享有所有权或处分权的民事主体可以自主决定是否委托拍卖其自有财产或享有处分权的财产，遵循的是意思自治原则。

二是拍卖标的非自有性。与任意拍卖中的拍卖标的物系委托人所有或依法享有处分权的财产不同，司法拍卖的标的物并非执行法院所有，被执行人对该标的物所享有的权利因执行法院所采取的强制执行措施而受到限制。

三是目的利他性。与任意拍卖中拍卖机构受托开展拍卖意在盈利、委托人旨在实现自身经济目的不同，执行法院拍卖被执行人的财产，目的在于以拍卖所得价款清偿被执行人的执行债务，是国家剥夺当事人自力救济后法院应承担的法定职责，法院自身并不能从司法拍卖中获利。

三、司法拍卖的法律性质

我国对司法拍卖的法律性质存在三种观点。

（一）私法说

以执行拍卖公告为要约邀请，竞买人的报价为买卖契约的要约，拍定之表示为契约成立的承诺。拍定人系继受取得执行标的物，与私法上买卖发生的所有权转让以及转让效果相一致。[①] 持此观点者对此间谁为出卖人有四种不同主张。

1. 债权人为出卖人说

该说主张拍卖成立系因债权人基于强制执行请求权发动,经变价程序成立的买卖合同,即系以债权人可处分债务人的财产作为理论依据,因而应以债权人为出卖人。德国在 1913 年以前,对民事执行拍卖性质多采用此说,认为执行官为执行债权人的代理人,基于执行债权人的委托,代理其为买卖行为。该观点现在已很少被采用。[②]

2. 债务人为出卖人说

该说主张买卖契约的成立虽然经过拍卖程序,但拍定前拍卖标的物的所有权仍属于债务人所有,拍卖效果及于债务人,因而应以债务人为出卖人。[③]

3. 执行法院为出卖人说

该说主张执行法院既非执行债权人之代理人,亦非执行债务人之代理人,司法拍卖系执行法院基于法律赋予的权力而进行的买卖,因而执行法院应当为出卖人。

---

① 参见谢在全:《民法物权论(中册)》,中国政法大学出版社 2011 年版,第 747 页;王泽鉴:《民法学说与判例研究(第 1 册)》,中国政法大学出版社 2005 年版,第 437 页;孙加瑞:《强制执行实务研究》,法律出版社 1994 年版,第 349 ~ 350 页。

② 参见吴光陆:《强制执行法拍卖性质之研究》,台北,五南图书出版公司 1987 年版,第 22 页。

③ 参见姚瑞光:《民法物权论》,中国政法大学出版社 2011 年版,第 156 页。

4. 担保物的所有人为出卖人说

持此观点者反对将执行法院作为出卖人,认为执行法院只是执行程序的实行者,若执行法院为出卖人,则势必由国家承担拍卖标的物的瑕疵担保责任,这与民法中的买卖通常由债务人承担瑕疵担保责任的规定不符。

(二)公法说

即执行法院基于公法上之处分权,将查封物为拍卖,其拍卖之法律性质为公法行为。[①] 与私法说主张的继受取得不同,公法说下的拍定人是原始取得拍卖标的物的所有权人,此种处分权的取得并非债务人授权或债权人委托。由于法院执行拍卖具有公法行为性质,因而在进行拍卖时,债权人与债务人均可以作为竞买人参加拍卖。目前,我国大陆在理论界和实务界通说采取此观点。[②] 德国通说采取此观点。我国台湾地区部分学者采取此观点。[③] 公法说具体有以下三种学说。

1. 类似公用征收之公法处分说

该观点主张执行法院基于国家职权所为以买卖形式的

---

① 参见陈荣宗:《强制执行法》,台北,三民书局1988年版,第352~353页。

② 参见肖建国:《论民事诉讼中强制拍卖的性质和效力》,载《北京科技大学学报(社会科学版)》2004年第4期;卢正敏、齐树洁:《论错误拍卖第三人财产的法律效力——简评〈民事诉讼法〉第204条之相关规定》,载《现代法学》2010年第1期。

③ 参见史尚宽:《物权法论》,中国政法大学出版社2000年版,第296页;赖来焜:《强制执行法各论》,台北,元照出版有限公司2007年版,第164页。

换价行为，其外表虽采用买卖形式，但因系执行法院基于法定职权，剥夺执行债务人被查封财产的所有权，并交付给拍定人，拍定人并非继受执行债务人取得拍卖物所有权，而是原始取得。“其实质上类似于公用征收之公法处分”“然与征收仍有不同，该公用征收为行政处罚，而拍卖为司法处分，拍卖形式上虽类似买卖，而公用征收则否。”[①]

2. 公法契约说

该说主张民事执行拍卖是公法上的买卖，拍卖结果实质上只是免除债务人的债务而已，与私法上买卖的实体效果不同。民事执行拍卖系竞买人之要约与执行法院之拍定行为成立类似买卖之公法契约，该契约即构成转移所有权的法律原因，拍定人基于此法律原因得请求移转拍卖物之所有权，拍定人不能于公法契约成立时或拍定成立时立即取得拍卖物的所有权。拍定人于拍定时取得公法上请求移转拍卖标的物所有权的请求权，拍定人对拍卖物并无瑕疵担保请求权。执行法院与拍定人间所订立的公法契约具有公法行为性质，执行法院对拍定人所为移转所有权行为亦有公法行为性质，拍定人取得之所有权为原始取得。[②]

---

① 史尚宽:《物权法论》，中国政法大学出版社2000年版，第296页。

② 参见赖来焜:《强制执行法各论》，台北，元照出版有限公司2007年版，第159页。

3. 裁判上形成程序说

该说主张执行拍卖是与审判上的调解、和解等并列的一种裁判上的形成行为。由于无法期待执行债务人与拍定人之间达成买卖契约,所以只能由执行法院通过拍定许可决定补充执行债务人对所有权移转所欠缺的意思,拍卖自身属于纯粹的形式上的诉讼行为,对竞拍许可决定应该承认所有权取得的形成效力及既判力。该说的基础是在拍定后需要法院下达拍定确认裁定才发生所有权的变动,该拍定确认程序即为发生形成效果的程序。拍定人通过拍卖取得的拍卖标的物的所有权为原始取得。①

(三)折中说

该说主张民事执行程序在性质上是对公法说和私法说的折中,就拍卖程序而言,拍卖系执行法院基于职权所为公法上的处分行为,但就拍卖实体效果而言,与民法上的买卖相同。因而在拍卖程序上适用程序法的规定,在拍卖效果上适用实体法的规定。② 该说在拍卖程序的私法及公法层面的分析和构成上存在一些差异,发展为如下几种学说。

1. 该说主张拍卖系作为国家机关的执行法院基于法

---

① 参见[日]小野木常:《诉讼法的诸问题》,有信堂 1952 年版,第 237 页。

② 参见杨与龄:《强制执行法论》,中国政法大学出版社 2002 年版,第 346 页;齐树洁、郑金雄:《执行拍卖之法理分析》,载《人民法院报》2002 年 3 月 23 日,第 3 版。

律赋予的权力,售出标的物的行为,在此层面上类似公用征收的公法上的处分。然而,从拍卖形式上来看,至少在执行债务人与拍定人之间成立形式上的私法上的买卖契约,即拍卖虽是公法上的处分,形式上却是私法上的买卖。若将司法拍卖视作实质上的公法上的处分,则竞买人的竞买申请就是欲成为拍定人的要约,拍卖是转移标的物权利的行为。若将司法拍卖视作形式上的私法上的买卖,则竞买申请是买受的要约,拍定就是对其的承诺。

2. 该说主张拍卖系执行法院基于行使因扣押而从债务人处征收来的处分权的出卖希望,从无须债务人同意就可以移转标的物所有权的角度看,其确系基于执行权力的执行处分,但从拍定人取得债务人之物的买受关系来看,又系私法上的买卖。执行机关虽可为买卖的意思表示,但因标的物的所有权属于债务人,其效果亦归属于债务人,债务人应当取得出卖人的地位。此外,竞买申请是买受要约,拍定许可就是对其的承诺,二者的意思表示一致,债务人和拍定人之间的买卖契约即告成立。但拍定许可决定在性质上系法院的裁判文书,作为其前提的竞买申请即便由于无行为能力或无权代理等原因无效,亦会对本人产生拍定的效力,在未通过抗诉或再审程序取消决定的情况下,其效力不会消失。

3. 该说主张拍卖是标的物所有权由债务人向拍定人

移转,拍定人承担支付对价的义务。持此观点者认为,拍卖可分为实体与程序两个侧面,前者适用实体法法理,后者适用程序法法理。在实体层面上竞买申请是买卖要约,拍定则是承诺,两者的意思表示一致则使买卖契约成立,产生所有权移转和支付价金的义务。从程序法上看,竞买申请是竞买人对执行法院的拍定申请,拍定是对这个申请的裁判。

4. 该说主张拍卖程序是法院行使其法定固有的强制执行权向债权人、债务人及拍定人而为的一定执行行为,以实现执行名义上的请求权的过程。由于其是国家权力归属主体之一的执行法院与服从国家权力的关系人之间的公法行为,因此就总体而言强制拍卖是公法行为。但是由于强制拍卖与私法上的买卖在各个主要效果上是基本一致的,拍卖相关当事人的法律地位与私法上买卖的当事人地位也基本一样,故关于当事人间的利益调整,如果没有特殊事由,参照私法上关于买卖的规定处理强制拍卖的问题是合理的。从这一点来看,强制拍卖可以评价为买卖。以此理论为基础,该说认为强制拍卖执行机关与各关系人之间系公法上的处分关系,但各关系人之间为私法上的买卖关系。①

司法拍卖的法律性质之争,与委托拍卖的兴起紧密相

---

① 参见毋爱斌:《民事执行拍卖制度研究》,西南政法大学 2013 年博士学位论文,第 30 ~ 35 页。

关。与任意拍卖不同，司法拍卖属于人民法院采取的职权行为，其依据为法律、司法解释的相关规定及申请执行人的申请，不以对拍卖标的物享有法定或意定权益的主体的意志为转移。在自主拍卖模式下，执行法院显然不属于《拍卖法》第 2 条规定的拍卖企业，不适用《拍卖法》针对任意拍卖设计的规则，自然应理解为公法行为。不过，在委托拍卖的模式下，人民法院具备“委托人”的外观，这是由于人民法院虽然不属于拍卖标的物的所有权人，却基于查封、扣押、冻结等执行措施取得了对拍卖标的物的处分权。因而，有理论将人民法院理解为任意拍卖的委托人，然而一旦将人民法院理解为委托人，就意味着法院需要承担瑕疵担保责任，拍卖行为的私法性质意味着由此引发的争议具有可诉性，法院存在被起诉的风险。鉴于此，持私法行为说的学者，开始以对拍卖标的享有法定或意定权益的主体为委托人为论证目标而努力，然而，上述主体对司法拍卖程序并不具有支配性。作为折中的观点，部分学者认为，强制执行兼具公法处分与私法买卖的双重性质，买受人的“应买”被解释为兼具买卖契约与请求法院作出买卖许可裁定的双重性质。[①]

---

① 参见孙加瑞:《中国强制执行制度概论》，中国民主法制出版社 1999 年版，第 485 页。

私法说的最大缺点在于不能解释私法拍卖与公法拍卖在效果上的不同,无法解释执行机关公权力在司法拍卖中的体现。这与民事诉讼理论公法化趋势相左,也与强制执行公法化理论相背离。折中说虽然解释了执行机关独立为拍卖行为的权力来源,但在拍卖效果上仍与私法买卖效果相同,难以自圆其说。目前,我国通说采公法说,此说既解释了执行机构公权力在司法拍卖中的体现,又兼顾了私法拍卖与公法拍卖在效果上的不同。[①] 此外,将强制拍卖理解为公法行为具有如下解释优势:一是有助于贯彻比例原则。既然司法拍卖属于公权力对私人生活的强行介入,就应当遵循"法无明文规定即禁止"原则,并且权力的行使不得违反比例原则与正当程序保障原则。二是可以避免出现"谁为出卖人"以及"应当由谁承担瑕疵担保责任"的争议。既然强制拍卖属于公法拍卖,买受人系原始取得拍卖标的物的所有权,也就避免了"谁为出卖人"以及"应当由谁承担瑕疵担保责任"等疑难问题。三是有助于贯彻执行及时原则。完全按照任意拍卖程序运行,将在一定程度上妨碍执行标的物的及时变现。四是为人民法院自主拍卖或者对委托拍卖中的拍卖师、佣金等作出不同于《拍卖法》的特别

---

① 参见李海军:《法院强制拍卖性质之认识》,载《山东审判》2005 年第 4 期。

规定奠定理论基础。①

第二节 评估和拍卖的历史演变

一、评估的历史演变

(一)委托评估阶段

1998年7月,最高人民法院发布了《最高人民法院关于人民法院执行工作若干问题的规定(试行)》(以下简称《执行工作规定(试行)》),《执行工作规定(试行)》第47条规定,人民法院对拍卖、变卖被执行人的财产,应当委托依法成立的资产评估机构进行价格评估。自此确立了拟拍卖的财产均要求评估的规则。这一方面增强了确定财产处置参考价的规范性,但另一方面,对于价值较低的财产,无形中增加了当事人的负担。

2004年10月,最高人民法院发布了《最高人民法院关于人民法院民事执行中拍卖、变卖财产的规定》(以下简称《拍卖变卖规定》),2004年《拍卖变卖规定》第4条第1款、第2款规定:对拟拍卖的财产,人民法院应当委托具有相应资质的评估机构进行价格评估。对于财产价值较低或

---

① 参见肖建国、黄忠顺:《中国网络司法拍卖发展报告》,法律出版社2018年版,第14页。

者价格依照通常方法容易确定的,可以不进行评估。当事人双方及其他执行债权人申请不进行评估的,人民法院应当准许。

由此可见,2004 年《拍卖变卖规定》未沿用过去那种对拟拍卖的财产均要求评估的做法,而是采取了相对灵活务实的态度:一方面,其规定原则上应对拟拍卖的财产进行评估;另一方面,为减少不必要的支出,减轻执行当事人的负担,规定对那些价值较低或者价格依照通常方法容易确定的财产,可以不进行评估。至于哪些财产属于"价值较低"的财产,司法解释并未作出明确规定,实践中可以由执行法院根据当地经济的发展水平、社会的一般观念及执行标的物的具体情形进行判断。"价格依照通常方法容易确定的财产",可以理解为一般人依据通常的方法而无须借助专业知识和专门工具即能对其价格作出大致判断的财产。此外,当事人双方及其他执行债权人均申请不进行评估的,人民法院应当尊重当事人的意愿,予以准许。

在司法实践中,许多执行法官为简化办案程序,避免产生纠纷,将依法采取查封、扣押措施的财产一律委托评估,因此对拟拍卖的财产大多都通过评估程序作出估价,进而确定该拍卖标的物的保留价。

在拍卖之前,由专门机构、专业人员对依法采取控制措施的财产依据一定的方法、程序和标准进行价格评估,可以为合理地确定拍卖保留价提供重要的参考依据。但是,评估是一项非常复杂的工作,容易受各种主客观因素的影响和制约,不同评估机构对同一执行标的物的评估结论往往不一致,有时还会出现很大差异,有些评估结果甚至与标的物的实际价值有很大的出入。为了防止评估价格过高或过低而影响拍卖保留价的确定,给当事人的利益造成损害,《拍卖变卖规定》第6条明确赋予当事人和其他利害关系人一定的救济权利,其对评估报告有异议的,可以在收到评估报告后10日内以书面形式向人民法院提出;还可以申请重新评估。考虑到评估结果仅仅是确定拍卖保留价的一个参考因素,若在评估阶段花费过多的时间、精力和费用,不仅会增加当事人的负担,而且将严重影响执行效率。因此,2004年《拍卖变卖规定》对申请重新评估的条件作了严格的限制,即当事人或者其他利害关系人只有在有证据证明评估机构、评估人员不具备相应的评估资质或者评估程序严重违法的情况下,才可以申请重新评估。为了保障当事人和其他利害关系人能够及时了解评估结果,2004年《拍卖变卖规定》中还规定,人民法院应当在收到评估报告后5日内将其发送当事人及其他利害关系人。

随着人民法院涉及委托评估、拍卖的案件逐年增多,新的问题和情况层出不穷,亟待明确和规范。同时,由于部分法院审判、执行部门仍在直接进行委托评估、拍卖工作,违法违纪现象时有发生,严重损害了人民法院的形象。为了进一步规范人民法院委托评估、拍卖和变卖工作,及时指导地方各级人民法院委托评估、拍卖和变卖过程中遇到的新情况、新问题,依法维护当事人的合法权益,2009 年最高人民法院出台了《最高人民法院关于人民法院委托评估、拍卖和变卖工作的若干规定》(以下简称《委托评估、拍卖、变卖规定》),《委托评估、拍卖、变卖规定》明确了人民法院委托评估职能部门为司法技术管理部门,委托评估工作由司法技术管理部门统一进行,对评估机构的选定和评估程序进行了细化和规范。2004 年《拍卖变卖规定》对评估机构的选定规定了三种方式:一是由当事人双方协商一致后经人民法院审查确定的方式,这是为了体现对双方当事人意思自治的尊重;二是在当事人双方协商不成的情况下,由人民法院召集当事人双方从评估机构名册中采取抽签等随机的方式确定评估机构;三是在当事人双方提出申请的情况下,通过公开招标的方式确定评估机构。这样规定的初衷是最大限度地保护当事人的合法权益,但各地法院在委托评估的实际工作中,发现由当事人协商选定机构的方式存在弊端,容易出现当事人恶意串通损害第三方、国有资产和上市公司利益的情形,同时也给中介机构和法院工作人员留下了“操作”空间。以公开招标的方式确定评估机构,则存在程序烦琐,不利于节约时间,增加了诉讼成本等问题。

针对上述问题,《委托评估、拍卖、变卖规定》第 7 条取消了当事人协商选定和以公开招标方式确定评估机构的规定,统一规定为随机方式选定评估机构。《委托评估、拍卖、变卖规定》第 10 条规定了人民法院应向委托机构出具委托书和委托书应当载明的主要内容。第 11 条规定了评估机构在既定期限内不能完成评估事项的补救措施和处理办法。该条与第 6 条对名册进行动态管理的规定相对应。第 12 条则规定了人民法院协调评估机构勘验现场和评估机构制作勘验笔录的要求等有关内容。该条还规定了当事人拒不到场的处理办法。

《拍卖变卖规定》《委托评估、拍卖、变卖规定》等一系列规范委托评估、拍卖工作的司法文件出台后,各地法院规范委托评估、拍卖管理工作取得了很大的进步。但客观上讲,在司法委托评估、拍卖工作中仍然存在一些问题。为了进一步规范人民法院委托评估、拍卖工作,及时指导各级人民法院正确处理委托评估、拍卖过程中遇到的新情况、新问题,不断深化司法委托评估、拍卖改革工作,促进司法委托评估、拍卖工作的公正、廉洁,切实依法维护当事人的合法权益,2011 年最高人民法院发布了《关于人民法院委托评估、拍卖工作的若干规定》(以下简称《2011 委托评估、拍卖规定》)。《2011 委托评估、拍卖规定》中关于委托评估的主要内容体现在以下几个方面。

一是实现审判执行与委托评估分离。通过统一管理机构、职责、委托方式等,实现审判执行与委托评估分离。统一管理机构,就是由司法辅助部门统一负责对外委托评估,作为评估机构与执行部门的中间协调部门,隔断执行工作人员与评估机构的关联。统一资质标准,就是由政府有关部门行政许可并达到一定资质等级的评估机构均可参加司法委托评估,人民法院可根据拍卖标的额大小和客观需要设定参加司法委托评估的机构等级。统一委托方式,就是原则上由中级以上人民法院采用随机方式确定评估机构,根据本地的实际情况统一实施对外委托。对于直辖市,一般可以由直辖市高级人民法院统一实施对外委托,对于地域较广的省份,一般则由市中级人民法院统一实施对外委托。

二是人民法院不再编制委托评估机构名册。凡是由政府管理部门行政许可并达到一定资质等级的评估机构,只要自愿报名参加人民法院委托的评估活动,就可参加随机摇号,使每个评估企业具有公平竞争的机会。从《2011 委托评估、拍卖规定》第 8 条来看,虽然人民法院不再编制委托评估机构名册,但人民法院对委托评估的机构仍将加强监督。同时,有关政府管理部门依照行政职能,也会加强对评估机构的监督和管理。与过去相比,一方面推动了行政部门、行业协会对评估企业的监督管理和行业自律,另一方面则强化了人民法院对司法委托评估工作的监督,有利于人民法院更好地行使司法权。实际上,通过行政权的直接监管与司法权的监督制约,客观上加强了对司法委托评估工作的监督和管理。

三是严格加强管理监督。人民法院负责对评估机构的司法委托评估活动实行监督。对评估机构评估结果明显错误、评估报告严重失实影响最终拍卖结果的,人民法院可以建议主管和监管部门取消评估结果,对评估机构作出相应的处罚并取消其资格。对违反法律法规的依法依规处理。

(二)多种估价模式并行阶段

在以往的民事强制执行程序中,根据2004年《拍卖变卖规定》第4条的规定,对于待处置的财产,人民法院应委托具有相应资质的评估机构进行价格评估,委托评估机构出具的评估报告是财产处置参考价的直接依据。在评估过程中,存在估价对象权属资料难以全面搜集、评估委托书信息不够完整以及现场查勘困难等现象,加之传统评估耗时长、当事人提起价格异议等因素,导致民事执行过程中财产处置期限被延长、效率低下,亦使得当事人对评估行业产生一定的质疑。对此,最高人民法院起草了《最高人民法院关于人民法院确定财产处置参考价若干问题的规定》(以下简称《处置参考价规定》),《处置参考价规定》于2018年8月28日发布,自2018年9月1日起施行。《处置参考价规定》中引入了新的估价方式来确定参考价，打破了单一的传统委托评估方式，力求通过打通确定财产处置参考价这一堵点，解决执行财产处置工作中的难点痛点问题，缩短执行财产处置周期，提高执行财产处置效率，进一步有力地维护当事人的合法权益。

1. 新增三种确定财产处置参考价的方式

《处置参考价规定》的实施意味着人民法院确定财产处置参考价的方式，除保留的传统委托评估方式外，又新增了当事人议价、定向询价、网络询价三种新的方式，进而形成了人民法院确定财产处置参考价的新模式，拓宽了确定财产处置参考价的渠道。同时，新增的三种确定财产处置参考价的方式均具备公开、透明、高效的特点，除网络询价需要较低费用外（截至 2024 年 7 月尚未实际收取费用），当事人议价和定向询价均为“零费用”。对解决以往评估周期长、费用高、财产处置效率低等突出问题具有重要意义。

2. 重新确定和细化委托评估的规则

实践中，还有大量财产仍需要通过委托评估的方式确定参考价，除了法律、行政法规规定必须委托评估的财产，尚有大量网络询价不能的财产，诸如市场信息不够充分、成交案例少、部分权属特征较为特殊的房地产，股权、知识产权等财产权利，土地使用权，船舶、航空器等交通运输工具，机器设备以及古玩字画、珠宝玉石首饰等。因此，委托评估作为人民法院确定财产处置参考价时不可或缺的重要方式，在实践中依旧发挥着重要作用。《处置参考价规定》对委托评估的办理流程、评估机构的选定规则、评估期限、评估报告的发送、异议的审查和处理等一系列问题进行了规定。以评估期限和收费规则为例，《处置参考价规定》在评估期限上明确了评估机构应当在 30 日内出具评估报告，第 32 条则明确了计费标准——就低不就高，财产处置未成交的按照实际支出计付费用；财产处置成交价格高于评估价的，以评估价为基准计付费用；财产处置成交价低于评估价的，以财产处置成交价为基准计付费用。总之，重新确定和细化后的规则，赋予了委托评估以新的活力。

3. 加强相关系统建设，强化系统效用

随着《处置参考价规定》的实施，最高人民法院着手建立全国性司法网络询价平台名单库、人民法院司法评估机构名单库，并建设全国法院询价评估系统，将确定财产处置参考价工作由线下改为线上，运用系统统一规则，运用系统规范行为，运用系统监督管理，进一步提高了人民法院确定财产处置参考价工作的公开、透明度。对于解决传统委托评估中存在的“暗箱操作”、权力寻租等人民群众关切的问题具有十分重要的现实意义。

二、拍卖的历史演变

随着社会发展水平的不断提升，司法拍卖作为执行措施之一，在拍卖形式上也在不断发生变化。

（一）法院自主拍卖阶段

1950 年，司法拍卖即见诸最高人民法院和各地方人民法院发布的指导民事审判和执行的文件中。当时人民法院既可以委托拍卖行拍卖，也可自行拍卖。到 1982 年颁布第一部《民事诉讼法》时，执行程序中的变价方式仅存变卖一种，拍卖则踪迹全无，因而该法对司法拍卖未予规定。但法院的审判实践，尤其是海事诉讼迫切需要拍卖这种兼具公开性、透明度、竞争性和国际化的变价方式，于是最高人民法院在 1987 年 8 月下发的《最高人民法院关于强制变卖被扣押船舶清偿债务的具体规定》中对变卖作了扩张性解释，认为《民事诉讼法》上的变卖涵盖了对扣押船舶的拍卖。与此同时，拍卖业开始复苏，全国各大中城市相继成立了专业拍卖行。人民法院开始利用这一形式，拍卖破产企业的财产和被扣押的外国船舶。到 1991 年《民事诉讼法》颁布时，商业拍卖和法院的司法拍卖都积累了一定的经验，故而 1991 年《民事诉讼法》于第 223 条、第 226 条首次确立了法院的强制拍卖权。1991 年《民事诉讼法》于第 223 条规定，被执行人未按执行通知履行法律文书确定的义务，人民法院有权查封、扣押、冻结、拍卖、变卖被执行人应当履行义务部分的财产。第226条规定,财产被查封、扣押后,执行员应当责令被执行人在指定期间履行法律文书确定的义务。被执行人逾期不履行的,人民法院可以按照规定交有关单位拍卖或者变卖被查封、扣押的财产。我国正式在法律层面赋予法院司法强制拍卖权。这段时期,司法拍卖基本是在法院主导下进行的。但是,1991年《民事诉讼法》仅明确了司法拍卖的合法"名分",并未涉及司法拍卖的性质和效力,由于执行实践中通过变卖进行变价的方式简便易行且已形成习惯,故1991年《民事诉讼法》实行后的相当一段时期,拍卖的适用率不高,司法拍卖的性质和效力问题也未凸显出来。同时,因为相关法律法规很不健全,各种程序规范严重缺失,人民法院自主拍卖的权力没有受到应有的制约,司法拍卖在实际操作过程中出现诸多问题。

(二)委托拍卖阶段

1998年最高人民法院发布《执行工作规定(试行)》,司法拍卖才被提高到优越于变卖的地位,明确提出了"拍卖优先原则"。在该规定中,最高人民法院不仅强调将拍卖作为首选的变价措施,而且要求"人民法院对查封、扣押的被执行人财产进行变价时,应当委托拍卖机构进行拍卖",但对拍卖机构接受委托后所援引的拍卖程序语焉不详。司法拍卖的程序,不同于任意拍卖,作为专门规范拍卖企业实施任意拍卖活动的《拍卖法》,自然不宜适用于司法拍卖。因而,司法拍卖的法律规范在我国一直处于严重缺位的真空状态,基于此,最高人民法院2004年出台《拍卖变卖规定》,以规制司法拍卖的程序和效力。2004年《拍卖变卖规定》第3条规定:“人民法院拍卖被执行人财产,应当委托具有相应资质的拍卖机构进行,并对拍卖机构的拍卖进行监督,但法律、司法解释另有规定的除外。”上述规定在确立人民法院处置被执行人财产时拍卖方式优先的同时,在拍卖方式的选择上,实际对《民事诉讼法》的相关规定作了限缩解释,确立了应当委托拍卖机构拍卖的制度。其后,为了进一步规范司法拍卖、变卖环节,最高人民法院遵循委托拍卖优先原则,先后出台了《委托评估、拍卖、变卖规定》、《2011委托评估、拍卖规定》和《关于执行权合理配置和科学运行的若干意见》等一系列司法解释,形成一整套司法拍卖规范,对法院委托拍卖行为进行约束。司法强制拍卖进入委托拍卖模式优先时代。

确立委托拍卖原则的初衷是防止司法腐败。在委托拍卖模式优先的规则确立后,由于拍卖机构这一中介的介入,执行人员不再直接主持拍卖程序,委托拍卖在阻断执行人员与市场、与竞买人之间的直接接触方面确实发挥了相当重要的功能,这一层面发生的腐败现象得以遏制。但实践表明,委托拍卖原则的确立在解决执行腐败方面并没有完全发挥预期作用,仍有部分执行人员铤而走险,通过非法指定或者操纵拍卖机构谋取非法利益,极大地损害了当事人的权益。因而,最高人民法院在完善确定拍卖机构规则方面进行了一系列的改革,包括权力分立机制、协商选择机制、随机确定机制、废除名单制度等。

权力分立机制,包括对外委托拍卖的权力从执行局向司法辅助机构移转、对外委托拍卖权力集中由较高层级法院统一行使。一线执行人员不再直接接触委托拍卖机构的事务,不再是拍卖机构的"衣食父母",这对防止腐败起到一定功效。但拍卖机构确定权由高层级法院集中行使也会带来权力集中问题,无论拍卖机构的确定权赋予哪个法院或高级法院,这一环节出现不廉问题的可能性仍然客观存在。一旦拍卖机构确定权被滥用,将可能造成更为严重的后果。

协商选择机制,指拍卖机构的选定权由案件当事人行使。2004 年《拍卖变卖规定》规定:拍卖机构由当事人协商一致后经人民法院审查确定;协商不成的,从负责执行的人民法院或者被执行人财产所在地的人民法院确定的拍卖机构名册中,采取随机的方式确定;当事人双方申请通过公开招标方式确定拍卖机构的,人民法院应当准许。上述规定明确授权执行当事人协商选定拍卖机构及申请以公开招标方式确定拍卖机构,试图借助当事人的理性选择和公开招标竞争机制促使委托拍卖市场化运行。应该认识到,当事人选定拍卖机构可以从根本上避免法院确定拍卖机构,自然可以减少不廉行为发生的概率,而且当事人理性选择,也有助于拍卖机构注重提升服务质量和性价比,而不是靠公关来获得业务。不过在实践中,这一制度的落实存在一定困难,被执行人往往并不配合执行工作,能拖则拖,能躲则躲,当事人如何协商选定?由当事人协商选定拍卖机构这一程序往往会增加法院许多工作量,使执行人员缺乏工作动力。对于通过公开招标确定拍卖机构,尤其是执行当事人监督下的公开招标将有助于寻求最佳拍卖机构。但可以肯定的是,公开招标成本相对较高,过程相对较长,各种成本随之增加。

随机确定机制,是指通过随机方式确定拍卖机构,避免委托拍卖人员形成权力寻租空间,也减少拍卖机构行贿空间。应当说,随机确定机制在遏制腐败方面起到了一定作用,但并不利于拍卖机构开展有益竞争,不利于强制拍卖市场化发展。拍卖机构取得业务并非靠服务和业绩,本质上不利于拍卖机构自身服务质量的提升。随机确定机制的前提是法院事先编制的拍卖机构名册的存在。法院编制的拍卖机构名册在本质上是限制进入司法拍卖市场的拍卖机构范围,事实上是利用公权力干预市场竞争。最高人民法院2011 年的司法解释废除了名单制度,规定不再编制委托评估拍卖机构名册,取得政府管理部门行政许可并达到一定资质等级的机构,均可自愿报名参加拍卖活动。

在一定历史时期下,委托拍卖优先模式的确立和完善,的确解决了司法拍卖环节中存在的一些问题。但随着社会经济技术的快速发展,传统委托拍卖暴露出越来越多的新问题。实践中,法院在委托拍卖机构之后,剩下的拍卖程序由拍卖机构完成。客观上拍卖机构也存在自身的利益,这就可能与执行案件当事人之间的利益存在一定程度的冲突。对以营利为宗旨的拍卖机构而言,吸引更多竞买人,成交越快、成交价越高自然对自身越有利,因此,为了维护与客户之间的长期合作关系或能够私下从客户处获得额外的利益,一些拍卖机构存在配合甚至主导恶意流拍、串通报价等行为的动机。实践中,拍卖机构受到某些利益诱惑时,往往会出现发布"豆腐块"拍卖公告于报纸夹缝或副刊、私下透露竞买人信息导致围标、串标和职业控场等现象,使得拍卖标的物以保留价或者近乎保留价成交,甚或有恶意阻止竞买人竞买,造成了流拍,以期以更低的价格购买到拍卖财产的现象,这些行为都极大地损害了执行案件当事人的合法权益,严重破坏了司法拍卖公平公正的形象。在委托拍卖模式下,拍卖机构按照商业拍卖规则收取佣金,尽管最高人民法院根据司法实践,通过司法解释确定了不同成交价格收取佣金的上限比例,但在不动产等价值相对较高的标的拍卖中,拍卖佣金依然高昂,买受人的负担仍旧比较重,高额拍卖佣金直接影响标的物的变现能力,不利于拍卖标的物的顺利变现。竞买人普遍认为该费用与拍卖机构的劳动付出不成比例,委托拍卖成本过高已是社会各界普遍认可的事实。此外,在委托拍卖模式下,拍卖机构的信息传播能力相对有限。在互联网兴起之前,专业拍卖机构的信息传播能力相对比较强,可以在当时的条件下较好地将拍卖信息"广而告之",从而保证拍卖是在充分竞价的基础上产生。然而,随着信息网络技术的飞速发展,人们获取信息的能力和习惯已经随之发生了深刻的变革,依靠传统拍卖机构的信息公布与传播方式,在当前的市场环境下已难以满足充分的竞价要求。

基于对传统委托拍卖存在以上问题的考虑,2012 年《民事诉讼法》再次修订时,将原第 226 条调整为第 247 条,内容修改为"财产被查封、扣押后,执行员应当责令被执行人在指定期间履行法律文书确定的义务。被执行人逾期不履行的,人民法院应当拍卖被查封、扣押的财产。……"这一修改将原先明确应当委托有关机关拍卖改变为人民法院应当拍卖,去掉了应当委托有关单位拍卖的表述,为人民法院自行组织拍卖提供了法律层面的支撑。该条虽然赋予了人民法院自行组织司法拍卖的权力,当然也并未禁止委托拍卖,可以理解为人民法院既可以采取自行组织拍卖方式,也可以继续采取委托拍卖方式。将该条理解为取消自《执行工作规定(试行)》颁布以来法院被动选择委托拍卖方式的义务性规定,从而实现了自行拍卖与委托拍卖之间的自主选择。

(三)各种拍卖模式争相涌现阶段

随着互联网技术的普及和民事诉讼法的修改,法院系统和拍卖行业进行了一系列的改革,包括统一交易场所、引入第三方交易平台、联合拍卖机制、互联网电子竞价等。

1. 产权交易所介入模式

从制约拍卖机构滥用职责的角度,重庆高院率先建立"产权交易所模式",基本统一了交易场所,也为第三人与拍卖机构之间"分权制衡"奠定了基础。最高人民法院《2011 委托评估、拍卖规定》明确规定人民法院委托的拍卖活动应在有关管理部门确定的统一交易场所或网络平台上进行。全国很多地方纷纷效仿重庆模式,相继出台涉诉资产拍卖在统一场所实施的规定。

统一拍卖场所,的确打破了传统司法拍卖存在的拍卖场所分散不利于监督的局面,使拍卖机构的行为置于更为广泛的监督之下,也更容易吸引潜在竞买人参与竞买,同时也能防止暴力串标、围标等行为的发生。但作用依然有限,拍卖会是拍卖程序的最后环节,拍卖会举行之前的财产情况调查、发布拍卖公告、竞买人报名、交纳保证金等诸多环节中，已经有足够的空间和时间让拍卖机构与其客户之间进行充分沟通，即便拍卖会在统一场所进行，也未必能有效防范违法违规行为的发生。

况且，任何以营利为目的的机构的介入，都不会提供免费的服务，产权交易所的引入必然会涉及职责分工和佣金分配问题。产权交易所实质上分走了原来属于拍卖机构的“一杯羹”。

2. 联合拍卖模式

在摊薄拍卖机构收益以及增加内部监督机制方面，除引入产权交易所模式外，还存在联合拍卖模式。对标的额比较大的拍品，执行法院确定两家以上拍卖机构共同联合拍卖。但实践中，联合拍卖模式在互相监督力度方面表现不佳。因同为拍卖机构，有着共同的行业利益，不可能像产权交易所那样发挥监督功能。在分摊收益方面，已超越产权交易所介入模式。然而，用摊薄收益来减少司法腐败的可能性，必要性并不大。若总体佣金本就不多，联合拍卖必然会减少拍卖机构的收益，降低了积极性，不利于价值最大化；若总佣金很高，则不利于执行债权的廉价实现。

(四)网络司法拍卖阶段

网络司法拍卖最早出现于 2010 年。对 2012 年《民事诉讼法》第 247 条表述的变化，有人认为这是从法律层面将司法拍卖权重新交回法院手中，鼓励法院进行自主拍卖。

以此为思路,浙江高院进行了大胆尝试,与阿里巴巴集团协议,由淘宝网免费开发专门用于司法拍卖的网络交易平台,法院以“卖家”身份入驻该交易平台进行自主拍卖。大概流程是:法院自行在交易平台上发布拍卖公告、拍品信息并进行参数设置,竞买人可通过网络自助报名并交纳保证金,保证金交纳成功后,系统会随机生成竞买代码,竞买人据此在网络上参与电子竞价。整个流程由系统自主进行,他人无法干预,直至得到竞拍结果,买受人无须支付任何佣金。拍卖环节中,竞买人彼此之间,甚至作为拍卖主体的法院,均不知道其他竞买人的真实身份信息和联系方式,可有效防止竞买人之间的相互串通。这一模式有效减少了法院拍卖的中间环节,扩大了竞拍范围、提高了执行效率,也促使标的物交易价格最大化。

网络司法拍卖模式作为一种全新的拍卖方式,利用互联网技术,为司法拍卖带来了巨大变革。相较传统的拍卖方式,具有无可替代的优势。

一是拍卖信息传播范围广。按照传统拍卖方式,法院将被执行财产委托拍卖公司进行拍卖。拍卖公司通过发布拍卖公告方式向社会告知拍卖信息,因其发布渠道及覆盖面本身就具有局限性,传播范围小、受众面窄、影响力小,从而导致很多拍卖的竞价无法获得充分竞争,以保留价成交或干脆流拍。更有部分拍卖机构受经济利益驱动,直接与竞买人结合形成相互合作的利益分享共同体,想尽办法减少信息受众,让拍卖在“小圈子”里进行。例如,刊登在报纸夹缝中的“豆腐块”公告,对拍卖标的的表述也是寥寥几笔。而网络司法拍卖中,拍卖公告会刊登在互联网拍卖平台上,彻底突破了地域限制,且受众人数也远远超过传统刊登方式。通过互联网拍卖平台,将会使海量潜在竞买人及时、准确获取信息,从而参与到司法拍卖竞价中来,可大力打击“职业竞买人”的勾结、联合压价和排除异己等不良现象。

二是市场超地域化。传统拍卖方式下的司法拍卖,竞买人必须前往拍卖公司指定的地点进行报名和参与竞价,竞买人会受到地域限制或因考虑距离太远而放弃竞买,进而造成竞价不充分。利用互联网拍卖平台,竞买人完全可以足不出户,仅操作电脑、手机就可以完成浏览拍卖公告、了解拍卖财产的相关信息、报名并交纳保证金、进行竞价等操作,极大地破除了地域限制,使海量竞买人能够非常便捷地参与到竞买中来,有利于形成竞争。

三是交易成本低廉化。竞买人参与委托拍卖机构主持的拍卖时,应依法交纳数额不菲的拍卖佣金,无形中给竞买人增加了负担。采用网络司法拍卖方式后,等同于将拍卖公司这一中介去掉,由人民法院直接在互联网拍卖平台上主持拍卖,大大降低了信息公开成本、参与竞拍成本及拍卖过程中的场地费等实际支出,为涉案个人、企业减轻了很多负担。

四是拍卖信息透明化。利用互联网拍卖平台进行司法拍卖,从信息发布到交纳保证金再到出价竞买,整个拍卖过程均由电脑按照设定好的程序自动控制,增价幅度、拍卖方式、竞价规则均已提前进行了公告,由系统设置好并向社会全部公开,客观上消除了人为因素干扰。参拍人无须通过纸质媒体即可获知完全相同的信息,传统拍卖下参拍人信息不对称问题在网络拍卖中可以迎刃而解。在竞价结束前,竞买人可以随时报名,在交纳保证金后可随时参与到竞买中来,拍卖全过程,包括每一条竞价信息都会显示在网络上,社会公众能够随时观看并予以监督,可以减少司法拍卖的腐败问题。竞买人信息在拍卖未结束前处于保密状态,即便是法院和网络服务提供者,也只能在拍卖结束后才能获得竞买人的身份信息,如此可以有效地减少暗箱操作的机会,为杜绝司法腐败拉起了有效防线。

上述特点使司法拍卖变得更公开、更高效、更便捷。网络司法拍卖已呈现如火如荼的发展态势,目前,全国已经有1400 余家人民法院自主开展网络拍卖,进行网拍超过 25 万次,成功处置标的物金额超过 1500 亿元;2023 年 1 至 12 月,仅司法拍卖法拍房市场,挂拍房屋数量为 533607 套,挂拍金额为 7869. 01 亿元,成交金额为 2747. 84 亿元。

第二编

评估、拍卖一般问题研究

第二章　民事执行中的评估

第一节　评估的前置程序

一、确定拍卖财产

所谓确定拍卖财产，是指确定被执行人的哪些财产作为拍卖标的，以及确定拍卖标的权属状况和使用情况。

（一）确定拍卖财产范围

在确定被执行人的哪些财产作为拍卖标的时应当注意：第一，要确定财产范围。被拍卖的物品或财产权利具有可转移性。只有法律允许交易、转让的特定物品或财产权利才能拍卖。在法律上，产权一般包括动产与不动产及知识产权。由于科技的进步和社会的发展，财产的外延不断伸展，财产不仅包括有形物，而且也包括商标权、专利权等无形财产，以及股权、期权、租赁权等权益。第二，在有可供选择的情况下，被拍卖的财产不能明显高于标的额。在确定拍卖财产时，一方面应使法律文书认定的债权额和相应的执行费用得到足额清偿，另一方面要防止明显超标的额的拍卖。当然，在拍卖成交之前，无法精确估计拍卖财产的价值，应当允许在拍卖财产价值与债权额、执行费用之间有一定的差额。

（二）确定拍卖标的权属状况和使用情况

《拍卖变卖规定》第 7 条规定，执行人员应当对拍卖财产的权属状况、占有使用情况等进行必要的调查，制作拍卖财产现状的调查笔录或者收集其他有关资料。因此，执行法院委托评估之前应当对评估标的的权属情况、占有使用情况等进行必要的调查，在确定拍卖标的权属状况和使用情况时，应调查的内容主要有：标的物的所有权情况、共有情况、权属争议情况、已设立担保物权等权利负担情况、占有租赁使用情况、附属物品情况等。

（三）获取评估所需的相关资料

获取评估所需相关资料的方式有两种：一是由当事人或者相关第三人提供，例如《最高人民法院关于人民法院网络司法拍卖若干问题的规定》（以下简称《网拍规定》）第 15 条第 1 款规定，被执行人应当提供拍卖财产品质的有关资料和说明。二是在当事人或者相关第三人不予提交相关资料时，可以由人民法院强制提取，如对被执行人的股权进行评估时，人民法院可以责令有关企业提供会计报表等资料，有关企业拒不提供的，可以强制提取。[①]

二、确定评估机构

早在2004年的《拍卖变卖规定》中就对评估机构的选定进行了规定，具体的方式包括由当事人协商、当事人协商不成由人民法院通过抽签、摇号等随机方式确定，或者在双方当事人提出申请的情况下，通过公开招标的方式确定。但考虑到由双方当事人协商确定评估机构，易滋生司法腐败；公开招标方式时间较长、费用较高。《2011委托评估、拍卖规定》第7条中取消了当事人协商选定评估、拍卖机构的规定，统一规定为以随机方式选定机构。采用随机方式确定中“随机”的范围是有严格规定的，评估机构应通过政府管理部门行政许可取得资质，并自愿报名加入人民法院相关的委托活动。[②] 2018年《处置参考价规定》则是结合了2004年《拍卖变卖规定》及《2011委托评估、拍卖规定》的相关规定，将评估机构的确定规定为“人民法院应当通知双方当事人在指定期限内从名单分库中协商确定三家评估机构以及顺序；双方当事人在指定期间内协商不成或者一方当事人下落不明的，采取摇号方式在名单分库或者财

---

① 参见《拍卖变卖规定》第4条第3款。

② 参见《2011委托评估、拍卖规定》第2条。

产所在地的名单子库中随机确定三家评估机构以及顺序。双方当事人一致要求在同一名单子库中随机确定的,人民法院应当准许"。既对"随机"范围进行了限定,同时也充分尊重了当事人的意愿。2020 年对《拍卖变卖规定》进行修订时,则删除了其中对评估机构选定的相关规定。只规定:"人民法院可以委托具有相应资质的评估机构进行价格评估。对于财产价值较低或者价格依照通常方法容易确定的,可以不进行评估。当事人双方及其他执行债权人申请不进行评估的,人民法院应当准许。"

三、制作评估委托书

选定评估机构后,人民法院应当向选定的机构出具委托书,委托书中一般应当载明下列事项:评估标的的名称、规格、数量等情况;评估目的和要求;评估期限;评估费用的计算标准和支付方式;其他需要明确的内容。除出具评估委托书以外,人民法院可以根据评估机构的具体要求,向其提供评估标的物的财产清单、权属资料,以及对标的物采取执行措施的法律文书等必要资料。

人民法院确定评估机构后,出具评估委托书是否意味着与评估机构之间签订了委托评估合同?按一般理解,委托合同是明确当事人双方权利义务的协议,它建立在双方当事人地位平等的基础上。但以此衡量人民法院和评估机构的关系,却是片面的。首先,应当肯定,从其扮演的角色而言,人民法院和拍卖机构并非处于对等地位,前者是执法者,后者仅起配合执法的作用。其次,人民法院和评估机构不能对等地约定民事权利义务,在双方的关系中,人民法院的职责是法律赋予的,不具有民事性质,也不能与评估机构承担的义务相对应。最后,作为执法者的人民法院无须承担民事责任。所以,人民法院和评估机构之间的关系并非普通民法意义上的委托关系,而是带有协助执行性质的特殊委托关系。

第二节　现场检查、勘验

现场检查、勘验是待拍卖财产评估中的重要环节,指评估师到达被评估资产的实地进行勘查、测量、拍照、记录等工作。现场检查、勘验是评估师获取待拍卖财产信息的重要途径,也是评估报告的重要依据之一。现场检查、勘验的主要目的是了解待拍卖财产的实际情况,包括建筑结构、装修、设备、环境等方面的情况,以便评估师能够准确地评估待拍卖财产的价值。

一、现场检查、勘验的作用

现场检查、勘验是待拍卖财产评估中非常重要的一步,它能够直接影响评估结果的准确性和可靠性。通过现场检查、勘验,能够更加准确地了解待拍卖财产的状况和价值,避免因为资产信息不全或不准确而导致评估结果失真。同时,现场检查、勘验还能够帮助评估人员更好地了解资产的使用情况和管理情况,为后续的评估工作提供更加准确的依据。

(一)获取准确的待拍卖财产信息

现场检查、勘验可以直接观察待拍卖财产的实际情况,获取更加准确的资产信息,包括资产的产权、数量、品质、状况、使用年限等,其中最重要的是产权信息。这些信息对于资产评估的准确性和可靠性至关重要。

(二)发现待拍卖财产存在的问题和瑕疵

现场检查、勘验可以发现待拍卖财产的价值和使用寿命,这需要在评估中进行充分考虑。现场检查、勘验其中一个很重要的工作就是核实,在对待拍卖财产进行评估的过程中,仅依靠被执行人、申请人或协助义务人提供财产信息是远远不够的,很有可能存在信息不足或资料不实的情况,因此核实资料最重要的工作就是现场检查、勘验,做到信息一致,资料与实物对应。

(三)保证评估的公正性和客观性

现场检查、勘验可以保证评估的公正性和客观性,评估师可以通过实地检查、勘验获取准确的待拍卖财产信息,避免评估过程中受到人为因素的干扰，从而保证评估结果的可靠性和公正性。

二、现场检查、勘验的流程

《最高人民法院关于适用〈中华人民共和国民事诉讼法〉的解释》（以下简称《民诉法解释》）第487条规定，拍卖评估需要对现场进行检查、勘验的，人民法院应当责令被执行人、协助义务人予以配合。被执行人、协助义务人不予配合的，人民法院可以强制进行。

评估机构在工作中需要对现场进行勘验的，人民法院应当提前通知审判、执行人员和当事人到场。当事人不到场的，不影响勘验的进行，但应当有见证人见证。评估机构勘验现场，应当制作现场勘验笔录。勘验现场人员、当事人或见证人应当在勘验笔录上签字或盖章确认。[1]

第三节　对评估结果的监督与救济制度

对拟拍卖的不动产而言，合理的价值评估极为重要。评估价过高，会阻碍拍卖程序的顺利进行，损害债权人的利益；评估价过低，会导致不动产被低价卖出，损害债务人的

---

① 参见《委托评估、拍卖、变卖规定》第12条。

利益,进而损害债权人的利益。然而,评估本身是一项复杂的活动,易受各种主客观因素的影响和制约。不同评估机构对同一不动产的评估结论往往不一致,有时甚至会出现很大的偏差。执行实务中,当事人对评估结论不信任的情形并不少见。

一、对评估过程的监督

鉴于评估在强制拍卖程序中的重要性和评估过程中出现的现实问题,最高人民法院在《拍卖变卖规定》《委托评估、拍卖、变卖规定》《2011 委托评估、拍卖规定》等一系列司法文件中就评估问题进行了专门规范。不少地方法院就司法评估工作进一步出台了相应的实施意见,并尝试进行网络司法评估等改革。

毫无疑问,这些司法文件确立的评估规则和地方法院的司法评估体制改革对解决执行实务中存在的评估问题发挥了积极作用,使法院委托评估工作取得了很大的进步。但是,这些规则和实务改革均重在规范不动产评估的"操作流程",主要解决评估机构的选择问题,目的是隔断执行机构与评估机构之间的直接关联,力图阻止法院在评估机构选择环节上可能产生的司法腐败行为。

然而,对完成评估机构选择后的评估过程的监督规定甚少。《2011 委托评估、拍卖规定》中有如下规定:人民法院对其委托的评估、拍卖活动实行监督。出现下列情形之一,影响评估、拍卖结果,侵害当事人合法利益的,人民法院将不再委托其从事委托评估、拍卖工作。涉及违反法律法规的,依据有关规定处理:(1)评估结果明显失实;(2)拍卖过程中弄虚作假、存在瑕疵;(3)随机选定后无正当理由不能按时完成评估拍卖工作;(4)其他有关情形。《处置参考价规定》中则是对上述规定进行了完善和补充,《处置参考价规定》第 19 条规定:"评估机构应当在三十日内出具评估报告。人民法院决定暂缓或者裁定中止执行的期间,应当从前述期限中扣除。评估机构不能在期限内出具评估报告的,应当在期限届满五日前书面向人民法院申请延长期限。人民法院决定延长期限的,延期次数不超过两次,每次不超过十五日。评估机构未在期限内出具评估报告、补正说明,且未按照规定申请延长期限的,人民法院应当通知该评估机构三日内将人民法院委托评估时移交的材料退回,另行委托下一顺序的评估机构重新进行评估。人民法院未在评估结果有效期内发布一拍拍卖公告或者直接进入变卖程序的,应当通知原评估机构在十五日内重新出具评估报告。"

二、对评估结果的救济制度

(一)救济途径与期限

如上文所言,当前强制拍卖中不动产评估的具体做法是:对于法律、行政法规规定必须委托评估、双方当事人要求委托评估或者网络询价不能或不成的,由人民法院委托评估;最高人民法院根据全国性评估行业协会推荐的评估机构名单建立评估机构名单库、名单分库和名单子库;评估机构的确定规则为选定三家且有先后顺序,当事人协商优先,协商不成的,摇号确定;评估机构在法定期限内完成评估,并向法院出具评估报告。

法院在收到评估机构作出的评估报告后,应当在3日内将评估报告送达当事人及其他利害关系人。[①] 人民法院向当事人或者其他利害关系人发送评估报告时,应当向其告知对评估报告提起异议的途径和期限。具体而言就是,当事人及其他利害关系人对评估报告有异议的,可以在收到评估报告后5日内以书面形式向法院提出。

(二)异议的类型

从当事人及其他利害关系人对评估报告提出异议的类型来看,大致可归为三类:第一类,评估机构或评估人员不

① 参见《处置参考价规定》第21条第1款。

具备相应的评估资质;第二类,评估程序违法,如部分评估人员违反职业准则,与一方当事人有不正当交易,出具错误报告,最终影响执行程序的公正;第三类,评估结果严重失实。实务调查表明,第三类问题是当前执行评估实务中表现最突出的问题。当事人及其他利害关系人以评估结果失实为由提出异议的案件,占所有涉不动产评估异议案件的90%以上,甚至部分当事人就第一类问题和第二类问题提出的异议,最终仍落脚到对评估结果的异议上。这不难理解,因为评估结果是最直观的,直接影响当事人及其他利害关系人的利益,故成为当事人及其他利害关系人最关心的问题。当事人及其他利害关系人对评估结果的异议,具体可细分为以下三种。

第一,评估价虚高。根据《拍卖变卖规定》第5条第2款规定:"拍卖财产经过评估的,评估价即为第一次拍卖的保留价;未作评估的,保留价由人民法院参照市价确定,并应当征询有关当事人的意见。"评估价过高即保留价过高,导致执行标的物首次拍卖的流拍率高,需多次降价才能成交,甚至流拍。评估价虚高是造成目前不动产拍卖成交率低,尤其是首次拍卖成交率低的主要原因。强制拍卖首次拍卖成交率低,不仅意味着当事人负担的增加、执行效率的降低,而且直接影响了债权人权利的实现。司法实践中,常常出现申请执行的债权人强烈要求降低不动产评估价的情形。

第二,评估价过低。在不动产强制拍卖制度设计中,各国及有关地区的强制执行法确立了“先行评估”原则,将评估作为不动产强制拍卖的前置程序,其法理基础在于强制拍卖须在评估价的基础上合理确定拍卖的保留价。而强制拍卖程序中设立保留价的最终目的,则在于维护被执行人的合法权益,保障被执行人的财产不被贱卖。评估价过低,直接转化为保留价过低,可能出现被执行人的财产被以不合理的低价卖出、严重损害被执行人利益的情形。

第三,评估报告与拍卖标的物现状不符。评估机构应根据拍卖标的物的现状进行客观的评估。但是,实践中出现了评估报告与拍卖物现状不吻合,如实际面积与评估面积不一致、实际为门面房但评估为住宅房等,致评估结果出入很大,出现漏评或多评现象。这也是当事人及其他利害关系人提出异议的一个重要理由。

(三)人民法院对异议的处理

在当事人及其他利害关系人对评估报告提出异议后,后续的处理程序该如何进行呢?结合《处置参考价规定》第 22 条、第 23 条相关规定,分为两种情况。

1. 涉及评估报告实体内容的,执行法院收到异议书后 3 日内转交评估机构对异议内容进行复核,并视情况交由相关行业协会组织技术评审。这样处理的主要原因在于评估工作具有专业性，这一特点决定了当事人及其他利害关系人对评估报告提出异议后，只能由评估机构或其他专业机构进行处理，执行部门不具备相应的能力来审查。评估机构针对异议内容在5日内出具书面说明，评估机构在5日内未作说明或者当事人、利害关系人对作出的说明仍有异议的，人民法院应当交由相关行业协会在指定期限内组织专业技术评审，并根据专业技术评审出具的结论认定评估结果或者责令原评估机构予以补正。

2. 涉及评估的程序性事项，即当事人或者其他利害关系人有证据证明评估机构、评估人员不具备相应的评估资质或者评估程序严重违法的，则通过执行异议程序进行审查，异议成立的，应当通知评估机构3日内将人民法院委托评估时移交的材料退回，另行委托下一顺序的评估机构重新进行评估，异议不成立的，则按照涉及评估报告实体内容的异议程序进行审查。

第三章　民事执行中的拍卖

第一节　拍 卖 原 则

民事执行拍卖的基本原则，就是指那些贯穿民事执行拍卖进程中对民事执行拍卖具有综合性、基础性的指导意义的基本行为准则，它不仅约束活动的进行，而且还体现拍卖的性质、特点和目的。

一、拍卖优先原则

目前执行程序中的变价方式主要是拍卖和变卖。拍卖优先原则，是指民事执行程序中对查封、扣押、冻结的财产进行变价时，应当首先选择拍卖的方式，只有无法拍卖或者在其他特殊情形下才进行变卖。

变价作为一种执行措施，其目的主要在于将查封、扣押、冻结的财产变换为价款，以卖得的价款清偿债务。变价所得的价款越高，就越有利于实现债权，同时也越有利于兼顾债务人的合法权益。因此,选择何种方式对查封、扣押、冻结的财产进行变价,是民事执行程序中的一个重要问题。拍卖具有公开、平等、竞争等特点,能够最大限度地实现标的物本身所具有的市场价值,对查封、扣押、冻结的财产通过公平竞价的方式公开进行拍卖,有利于防止“暗箱操作”,充分实现执行财产中所蕴含的金钱价值,既有利于债权的实现,也有利于保护债务人的合法利益。相反,如果变卖措施缺乏公开性、透明度,程序上也比较随意,通常情况下不仅不利于执行财产卖得最高的价格,而且容易导致权力滥用。因此,许多国家和地区通常将拍卖作为对被执行财产进行变现的优先举措。我国《拍卖变卖规定》第 2 条规定,人民法院对查封、扣押、冻结的财产进行变价处理时,应当首先采取拍卖的方式,但法律、司法解释另有规定的除外。

民事执行程序中的变价应当遵循拍卖优先的原则,由于拍卖的实施有一整套严格的程序,因此其运行必然要花费一定的时间和费用,从交易成本上考虑,执行程序中一概采取拍卖的方式进行变价,在很多情况下未必对当事人有利,也不利于节约司法资源。因此,《拍卖变卖规定》在坚持拍卖优先原则的同时,又作了例外规定,即在法律、司法解释另有规定的情形下,允许采取变卖等简便经济的方式进行变价。例如,《拍卖变卖规定》第 31 条规定:“对查封、扣押、冻结的财产,当事人双方及有关权利人同意变卖的,可以变卖。金银及其制品、当地市场有公开交易价格的动产、易腐烂变质的物品、季节性商品、保管困难或者保管费用过高的物品,人民法院可以决定变卖。”

二、网络司法拍卖为主、其他拍卖方式为辅的拍卖原则

《拍卖变卖规定》第 3 条规定:“人民法院拍卖被执行人财产,应当委托具有相应资质的拍卖机构进行,并对拍卖机构的拍卖进行监督,但法律、司法解释另有规定的除外。”过去,人民法院根据执行工作的实际,委托拍卖机构进行现场拍卖,对保护当事人合法权益、缓解“执行难”起到了重要作用。但拍卖机构现场拍卖模式也会存在信息封锁、串标、围标、职业控场等问题。因此,在“互联网 + ”作为国家战略推进的时代背景下,法院的司法拍卖改革应当顺应信息化发展趋势,鼓励优先通过网络司法拍卖的方式处置财产。

《网拍规定》第 2 条明确规定,“人民法院以拍卖方式处置财产的,应当采取网络司法拍卖方式”,“应当”二字明确了除特殊不适宜上网拍卖的财产外,原则上都应当采取网络拍卖方式,体现了强制性规范和指引性规范的双重属性。一方面针对已经开展网络司法拍卖的人民法院,在执

行案件个案中实施司法拍卖,应以网络司法拍卖为常态,有条件的必须选择网络司法拍卖的方式;另一方面针对尚未开展网络司法拍卖的人民法院,由于互联网技术发展不平衡等原因,尚未建立与网络司法拍卖平台联系的,应当积极推进与网络司法拍卖平台的协调合作,根据法院工作的实际情况,加快建立当地网络司法拍卖的相关机制,加强软硬件等配套建设,保证当地的司法拍卖尽快实现网络司法拍卖的运行模式。

网络司法拍卖方式解决了传统拍卖佣金所带来的诉讼成本负担,将拍卖权回归法院统一执行更能体现拍卖主体的正当性。网络拍卖竞价充分且拍卖程序的公开更能确保拍卖工作的公正性,从保护债权人利益最大化及提高执行公信力的角度看,立法选择网络司法拍卖为主的执行拍卖方式成为必然。同时,鉴于我国各地互联网技术发展不平衡以及法院处置财产的性质的多样性,不宜一刀切地规定所有的财产处置都通过网络司法拍卖,而应将网络司法拍卖作为法院处置财产的优先选择方式,与其他处置财产方式相协调,共同服务于司法拍卖工作。尤其考虑到执行中处置的财产涉及多种情况,有的财产为限制交易物甚至为禁止交易物,如文物;有的财产价值减损危险较高或存在不容易保管情形的,需要及时变价,不适于采用网络司法拍卖的方式,如生鲜食品;有的财产因市场价值恒定,无须采取拍卖的方式变现;有的财产只能针对特定人群进行拍卖,并受到当地的交易政策限制,如特定地域的房屋、车辆;有的财产的交易过程必须接受严格的监管,并且遵守特别的市场规则,如期权、期货。上述财产,有的依据法律、司法解释的现行规定无法进行网络司法拍卖,只能通过其他方式处置的;有的是必须具体情况具体分析,在特定情况下不适宜通过网络司法拍卖处置。人民法院可以根据具体情况,依法依规地采取其他途径处置财产。对此,《网拍规定》在作出"应当采用网络司法拍卖"的原则性规定的基础上,将法律法规、司法解释规定必须通过其他途径处置的、其他不宜采用网络司法拍卖方式处置的除外的但书条款作出例外规定,这样既起到引领网络司法拍卖的作用,又兼顾了司法拍卖工作的实际情况。

三、及时拍卖原则

及时拍卖原则,是指在法院的执行过程中,法院对执行标的采取了查封、扣押、冻结措施之后,应当及时组织进行拍卖。在民事执行过程中,对被查封、扣押的财产进行拍卖、变卖的过程不计入执行案件的期限之中。这样往往导致许多案件迟迟不能进入拍卖程序中,案件长期得不到执行。因此,《拍卖变卖规定》中要求,在执行程序中,被执行人的财产被查封、扣押、冻结后,人民法院应当及时进行拍卖、变卖或者采取其他执行措施。也就是说,在民事执行的过程中,如果已经将被执行人的财产查封、扣押或者冻结,那么人民法院应当及时进行处理,处理的方式可以是拍卖、变卖等。当然,这里的“及时拍卖”并不是“立即拍卖”,在查封和拍卖之间应留有合理的时间,这样做一方面可以让更多的人通过拍卖公告知悉拍卖情况,从而参与竞拍;另一方面也可以给被执行人一定的缓冲余地,便于他们筹措案款主动履行义务。

四、先行评估原则

在不动产强制拍卖制度中,各国及有关地区的强制执行法一般确立了先行评估原则,将评估作为不动产强制拍卖的前置程序,在评估价的基础上确定保留价。《拍卖变卖规定》第 4 条规定,对拟拍卖的财产,人民法院应当委托具有相应资质的评估机构进行价格评估。人民法院在对查封、扣押的财产进行拍卖前,必须首先请相关评估机构进行评估。先行评估原则,通过合理约束法院对被执行财产的处置,达到保障被执行人的合法权益在拍卖中不受侵害的目的。具体来说,一是为了准确地确定拍卖物的价值,给法院提供一个准确的参考信息,防止出现估价与实际价值偏差过大的情况;二是便于法院合理地确定拍卖物的保留价;三是防止个别法院干警勾结一方当事人,侵害另一方当事人的合法权益,导致司法不公。当然,如果拍卖物品价值不高,并且比较容易确定价格,抑或双方当事人及其他执行债权人申请不进行评估的,人民法院可以同意不进行评估,以减少不必要的费用支出,减轻当事人的负担。

五、保留价原则

《拍卖变卖规定》第 5 条规定拍卖应当确定保留价。保留价原则,是指法院在拍卖被执行财产时,不得使物品的拍卖价格低于特定的最低价。这一最低价是预先设定的,该原则保护的是被执行人的利益。之所以规定保留价原则,主要的原因是防止在拍卖过程中损害被执行人的利益。这同上述先行评估原则的目的相同。在实践中,保留价的确定主要有两种方式,一是法院依据评估价确定,二是依据市场价确定,同时保留价的确定还要充分考虑当事人的意见,在任意拍卖中保留价可有可无,并且保留价的有无由委托人决定。在司法拍卖中一律采用有保留价的做法。

六、法院主导原则

在司法拍卖过程中,法院的强制执行权贯穿始终。拍卖程序的开始、中止、终结等均由法院决定,受委托的拍卖机构依法院的决定开展拍卖工作,这就是司法拍卖的法院主导原则。具体来说,法院主导原则主要体现在以下几个方面:第一,由法院决定拍卖程序的启动,法院采用随机方式选择拍卖机构,并加以确定;第二,如果出现了法定的中止、终结事由,法院可以作出中止或终结拍卖程序的裁定,无须征得当事人同意;第三,拍卖结果出现后,首先由法院依法审查并决定是否确认,如果发现有恶意串通等法定情节的,法院应当宣告拍卖无效;第四,在整个强制拍卖的过程中,法院有权对各个环节进行监督,诸如对拍卖机构发布公告、进行拍品展示、拍卖会现场组织及拍卖的公开性等进行监督。当然,法院主导原则并不是无限的,法院依法行使主导权的行为必须限定在法律或司法解释明文规定的框架之内。

第二节　拍卖的种类

根据不同的分类标准可以对拍卖进行不同分类。

根据委托方不同,可将拍卖分为任意拍卖、公物拍卖、行政拍卖、司法拍卖和海商事拍卖。[①]

根据拍卖标的及方式不同,可将拍卖分为动产拍卖与不动产拍卖、强制拍卖与任意拍卖、有底价拍卖与无底价拍卖、定向拍卖与非定向拍卖、一次性拍卖与多次拍卖。

---

① 参见田涛主编:《拍卖法实务》(修订版),法律出版社 2005 年版,第 12 页。

按照决定拍卖的意志来划分，拍卖可分为任意拍卖和强制拍卖。任意拍卖就是依照当事人意思而实施的拍卖，不具有国家强制性；强制拍卖则是指具有国家强制性的拍卖。

本书讨论的司法拍卖则是强制拍卖的一种，按照拍卖由法院自行组织还是委托专门机构进行，司法拍卖可分为法院自行拍卖和法院委托拍卖两种。法院自行拍卖是指法院执行部门或者法院系统统一设立的执行机构自行进行强制执行财产的公开拍卖行为；法院委托拍卖是指法院委托市场主体中的拍卖公司或者拍卖机构在法院主导和监督下进行的公开市场拍卖。①

实践中，各地法院分别以自行拍卖和委托拍卖为基础，开展了一系列创新和改革，形成了最有代表性的三种模式：上海模式（上海公共资源拍卖中心模式，简称上海模式）、重庆联交所模式（重庆联合产权交易所模式，简称重庆联交所模式）、浙江模式（浙江淘宝司法拍卖模式，简称浙江模式）。其中上海模式与重庆联交所模式以委托拍卖为基础，进行了形式上的创新，但其本质仍为法院委托拍卖模式。上海模式，依旧采用委托拍卖的方式，将拍卖标的放置于公共资源拍卖中心这个统一平台进行集中拍卖，并以

① 参见霍玉芬：《拍卖法要论》，中国政法大学出版社2012年版，第194页。

“公拍网”为依托,坚持网络与现场同步拍卖。重庆联交所模式,虽然也仍然属于委托拍卖,但其通过中介机构——联合产权交易所的介入,将司法拍卖交由产权交易所、拍卖机构共同实施,从而达到制约和隔离法院和拍卖机构的作用。浙江模式,区别于前两种方式,淘宝司法拍卖彻底绕开委托机构,在网络上自行拍卖,是法院自行拍卖方式的回归。

一、网络司法拍卖

《网拍规定》第 1 条规定,网络司法拍卖,是指人民法院依法通过互联网拍卖平台,以网络电子竞价方式公开处置财产的行为。

(一)网络司法拍卖的特征

1. 网络司法拍卖主体为人民法院。在委托拍卖模式下,法院委托拍卖公司进行司法拍卖,具体拍卖工作的实施都是由拍卖公司负责。《网拍规定》所称的网络司法拍卖,是指人民法院通过网络司法拍卖平台进行自主拍卖,从发布公告到最终交付标的物,由人民法院全权负责。网络服务提供者只提供第三方交易平台的技术支持和相关服务,法院自始至终都是网络司法拍卖的主体。

2. 网络司法拍卖的方式是借助网络拍卖平台进行的自主司法拍卖。网络拍卖,指网络服务商利用互联网通信传输技术,向商品所有者或某些权益所有人提供有偿或无偿使用的互联网技术平台，让商品所有者或某些利益权益所有人在其平台上独立开展以竞价、议价方式为主的在线交易模式。其是一种为了适应网络交易特殊的环境和特点而形成的新型交易模式，需要在专业网络公司提供的拍卖交易平台上进行，本质是虚拟空间中进行的在线交易。网络服务商在网络拍卖中提供交易平台和交易程序，为众多买家和卖家构筑网络交易市场，由买方和卖方进行网络拍卖，而网络服务商本身并不介入该拍卖交易。浙江的淘宝网模式即属于典型的网络拍卖模式，由淘宝网提供平台、程序和技术支持，人民法院作为卖方进行司法拍卖。

3. 网络司法拍卖以电子竞价方式进行。电子竞价又称网上定价或网上竞标，是区别于电子拍卖的一种依托网络以竞价或议价为主，遵循“价格优先、时间优先”的原则将物品出售或出让给竞价高的竞价者的独立的在线交易方式。电子竞价方式既实现了竞买人分离，避免出现串标、围标、恐吓等影响竞价过程的不利因素，又降低了交易成本，使交易过程更加客观，操作更加规范，扩大了竞买范围，使公开竞价运行机制更快捷、更方便、更安全。

（二）网络司法拍卖的性质

网络司法拍卖制度，是指在民事执行过程中为实现债权人的债权，人民法院利用专门的互联网平台，依法自行组织，将查封、扣押财产通过网络电子竞价方式公开处置变价的司法拍卖模式。网络司法拍卖是“互联网+司法拍卖”结合而成的新鲜事物,虽然新鲜,但其并非一种新型的独立的司法拍卖方式,也就没有其特殊的属性,司法拍卖仍旧只有委托拍卖与自行拍卖两种方式,网络司法拍卖的实质为法院自行组织网络司法拍卖,其并没有脱离司法拍卖中的强制处分的属性。纯粹的网络平台不能成为拍卖主体,因此网络技术只能依附于司法拍卖的性质,成为司法拍卖的配角,为司法拍卖服务,这样网络司法拍卖实质上仍然属于司法拍卖,其法律性质决定于司法拍卖的法律性质。网络司法拍卖中具有两层关系,一方面是执行法院与被执行人、申请执行人之间存在的执行意义方面的法律关系,另一方面是执行法院与买受人之间形成的公法意义上的买卖关系。其中,执行法院在这两种关系中处于连接点,是司法拍卖程序的实施主体,承担着强制执行被执行人的财产以及组织拍卖的责任;而申请执行人与被执行人主要扮演监督法院拍卖活动的角色;竞拍者则相当于买方,需要按照拍卖的规定,依法参与拍卖活动,同时也对拍卖活动进行监督。

(三)网络司法拍卖的优势

1. 网络司法拍卖凸显司法拍卖的公正性。一方面,拍卖机构属于营利性机构,在司法拍卖过程中会有一些利益取向,法院作为国家司法机关,其必须保持中立并独立于各种经济利益之外，这些都决定了法院拍卖具有委托拍卖所没有的公正基础；另一方面，网络司法拍卖模式透明度高，便于社会监督拍卖活动。网络司法拍卖依托网络平台，将司法拍卖的标的、交易规则等信息全部上网公开，有利于司法拍卖信息广泛传播，能有效避免传统拍卖模式下一些拍卖机构对拍卖公告的敷衍、规避行为，最大限度地提高司法拍卖的透明度，便于社会公众监督执行工作。

2. 网络司法拍卖"零佣金"，可以大幅度减少被执行人的负担，增加可供执行财产金额，提升案件执行到位率。当前司法实践中，法院自行拍卖决定了买受人无须像委托拍卖一样支付佣金，可以为买受人省下一笔不小的开支，有利于实现拍卖物价值的最大化，最大限度地保护执行当事人的利益。

3. 网络司法拍卖模式有利于被执行财产及时高效变现，提高司法拍卖的成交率和溢价率。一是网络司法拍卖依托全国甚至全球知名网络交易平台，利用其网络的影响力和客户群，破解司法拍卖信息封锁问题，扩大司法拍卖活动的关注度和竞拍者的参与范围，使被执行财产能够及时高效地实现变现；二是网络交易平台宣传广泛，参与竞拍简单，支付便捷，能够充分发挥互联网的信息公开和招商推介功能，提高司法拍卖的成交率和溢价率。

二、委托拍卖

法院委托拍卖，是指法院委托市场主体中的拍卖公司或者拍卖机构在法院主导和监督下进行的公开市场拍卖。[①] 传统委托拍卖参与主体主要有法院、拍卖机构、竞拍人及债权人、债务人等当事人，法院作为委托拍卖的实施主体，将涉诉标的物的拍卖工作委托给专业的拍卖机构，由拍卖机构负责拍卖的准备工作，发布拍卖公告，并向竞拍人介绍拍卖标的物的情况，对标的物的所有权属、可能存在的瑕疵情况进行说明，同时负责竞拍人的咨询及看样接待工作。拍卖过程中，拍卖机构有专业的拍卖师在现场控制拍卖过程，负责叫价、成交等事务。

（一）委托拍卖的特征

1. 委托拍卖的实施主体为拍卖机构。在委托拍卖中，法院将涉诉标的物的拍卖工作委托给专业的拍卖机构，由拍卖机构负责发布拍卖公告、介绍标的物情况、接待咨询、实地看样等工作，充当整个拍卖过程的实施主体。

2. 委托拍卖的方式是借助线下拍卖机构的参与完成拍卖。传统的委托拍卖是由法院在拍卖机构名册中选择某家拍卖机构主持拍卖，并且必须通过拍卖机构进行拍卖，目

---

① 参见霍玉芬：《拍卖法要论》，中国政法大学出版社 2012 年版，第 194 页。

前随着互联网技术的发展,传统的委托拍卖也顺应时代潮流渐渐增加了网络竞价方式,除了线下现场拍卖外,也可以进行网上同步竞拍,如上海模式、重庆联交所模式中电子竞价方式的应用。但是,传统委托拍卖中网络化竞价方式的应用并非此种拍卖方式的必然选择,依然需要线下拍卖机构的参与。

(二)委托拍卖的优势

1. 委托拍卖可以借助拍卖机构的专业优势。拍卖需要工作人员具备专业的拍卖知识以及丰富的拍卖经验,而法院不具备这方面的专业和技术,这会直接影响到拍卖的效果。司法委托拍卖过程中的财产变现绝不仅仅是简单的商业行为,每一次成功的拍卖,都离不开拍卖机构的辛苦付出,其背后有拍卖机构专业的业务能力支撑,比如知晓哪些是潜在的竞买人,如何调动竞买人的购买欲望等。拍卖师具有专业资格,其了解拍品的特性,并熟悉竞买人的心理,在拍卖过程中能根据现场情况灵活引导拍卖价格的提高,与拍卖师相比,法院的工作人员有着完全不同的经验背景,很难胜任拍卖师这个角色。

2. 委托拍卖有利于节约司法资源。将拍卖工作交给拍卖机构实施能分担法院的工作和压力,将招商、推介、宣传、看样等一系列烦琐复杂、占用司法资源的工作统一打包交由拍卖机构完成,以此减轻法院的执行负担,成功向社会借力,让法院将有限的司法资源投入其他领域中。

3. 委托拍卖能形成“防火墙”,通过将法院与司法拍卖过程隔离,可以减少司法腐败的可能。法院自行拍卖容易受利益驱使,与法院的非营利性相矛盾,影响司法拍卖的公正性;而拍卖机构作为营利性机构,其受利益驱动是正当的,因而法院应当委托给本就具有商业性的拍卖机构,将自身从司法拍卖中脱离出来,避免权力寻租的发生。

三、网络拍卖与委托拍卖的比较

网络司法拍卖与传统的委托拍卖相比,参与主体中法院与竞拍人等之间的法律关系是一样的,拍卖的目的都是将涉诉资产尽快变价,保障判决的执行并保护当事人的利益,因此二者在主体间法律关系、目的等方面是一致的。但是,网络司法拍卖和传统的委托拍卖依然存在明显不同之处。

第一,二者关于自行拍卖与委托拍卖的本质属性不同。网络司法拍卖本质上属于法院自行拍卖方式,参与主体中没有拍卖机构;而传统的委托拍卖则属于委托拍卖方式,需要法院委托拍卖机构由手持拍卖锤的拍卖师主持拍卖,拍卖机构是其中关键的一部分,起到串联法院与竞拍人的重要作用。

第二,二者在拍卖中是否纯粹利用网络平台进行电子竞价存在不同。网络司法拍卖需要法院首先在网络服务者名单库中选择具体的网络司法平台,并且只能利用网络平台进行竞价拍卖;而传统的委托拍卖则需要法院在拍卖机构名册中选择某家拍卖机构主持拍卖,并且必须通过拍卖机构进行拍卖。虽然目前随着互联网技术的发展,如上文所述,传统的委托拍卖中也顺应时代潮流逐渐增加了网络竞价方式,但传统的委托拍卖中网络化竞价方式的应用并非此种拍卖方式的必然选择,依然需要线下拍卖机构的参与。

第三,二者参与主体的职责不同。网络司法拍卖制度中法院是当之无愧的实施主体,具体到法院内部人员设置则可能为执行员或执行法官,不仅负责制作、发布拍卖公告,介绍说明标的物信息,接待竞拍人咨询、实地看样等,还负责确定拍卖标的物的起拍价、保留价、加价幅度等;而在传统的委托拍卖中拍卖公告、介绍标的物情况、接待咨询、实地看样等工作都是由拍卖机构负责的,具体是由获得专业资格的具备良好的拍卖会现场控制能力的拍卖师负责。

第四,所适用的拍卖程序不同。金钱债权的民事执行程序,可将其分为查封程序、司法拍卖程序、分配程序三个独立的阶段性程序。对司法拍卖程序,笔者认为可进一步将其分为广义的拍卖程序和狭义的拍卖程序。针对某查封财产的拍卖程序自执行法院裁定对该查封财产准予拍卖时始,至买受人取得该查封财产的所有权时止,此即为广义的拍卖程序,民事执行程序中的司法拍卖程序即是此广义的拍卖程序;狭义的拍卖程序则指竞买人对标的财产的竞价程序。执行法院可以组织实施整个广义的司法拍卖程序,而受托拍卖机构可以实施狭义的司法拍卖程序,但不适于实施广义的司法拍卖程序。司法拍卖因其特性而离不开执行权力,如应由执行法院依职权向担保物权人、优先购买权人通知拍卖事项,应由执行法院依职权确定拍卖标的物的保留价,对标的物的占有、权属、现状等情况的调查等。狭义的司法拍卖程序中只要保证竞价人对标的财产的竞价是公正、公开的,保证竞价人的出价是其真实意思表示,那么竞价程序的进行便是经济的,执行法官只需在拍卖进行时派员监督即可。故法院在对外委托某查封财产的拍卖时,不适宜将整体拍卖程序进行委托。

第四章　不动产的评估拍卖

民法意义上的不动产,是不能移动或者如果移动就会改变其性质、损害其价值的有形财产,包括土地及其附着物,同时也包括物质实体及其相关权益。在我国,不动产的范围主要包括土地、建筑物、土地定着物、与土地尚未脱离的土地生成物、因自然或者人力添附于土地上并且不能分离的其他物,这些都是可供评估拍卖的不动产。在实践中常见而争议较大的不动产有三类:唯一住房、无证房产、共有房产,下文将对这三类不动产的拍卖问题详细阐述。

第一节　不动产评估拍卖的一般规则

一、不动产评估拍卖的基本原则

不动产拍卖的基本原则就是执行机关、执行当事人和其他参与人在不动产执行程序中所应遵循的基本原理和根本准则。结合民事诉讼法、司法解释的规定以及司法实践中的普遍做法，不动产执行应当遵循四项基本原则，即必要性原则、登记原则、公开拍卖原则、合并执行原则。

（一）必要性原则

必要性原则要求执行法官对不动产的执行持审慎的态度。从传统的观点看，不动产被视为一个自然人的整体财产中最主要的组成构件，对于法人来说不动产也具有非比寻常的意义。《强制执行法（草案）》第 103 条规定："金钱请求权执行中，应当首先执行金钱和存款；未发现被执行人的金钱和存款或者发现的金钱和存款不足以清偿债务的，可以执行被执行人的动产、不动产、债权及其他财产权；未发现被执行人有其他财产权或者其他财产不足以清偿债务的，可以执行被执行人的股权或者投资权益。"因此，一般情况下如果债务人有其他可供执行的财产，就尽量不执行债务人的不动产。

此外，必要性原则的另一层内涵是适度执行。所谓适度执行，就是即使在不得不执行不动产时，也要节制强制执行的手段，在保证债权人的债权及时受偿的前提下，尽量将债务人的损失降低到最低的限度，不允许对不动产过度执行。例如，《网拍规定》第 10 条规定："网络司法拍卖应当确定保留价，拍卖保留价即为起拍价。起拍价由人民法院参照评估价确定；未作评估的，参照市价确定，并征询当事人意见。起拍价不得低于评估价或者市价的百分之七十。”

(二)登记原则

执行程序中对不动产的评估拍卖要贯彻以不动产登记作为标准的原则。执行程序和审判程序解决实体问题所遵循的途径和思路是不同的。对于实体权属争议的判断,与审判程序中按照争议当事人之间实际存在的权利义务关系进行判断的原则相反,只遵循程序审查和表面判断原则。具体对不动产而言,就是坚持不动产登记的名义人即为所有权人或者使用权人。其他权属,比如抵押权、租赁权等也以登记作为标准。[①]

不动产评估拍卖过程中贯彻这一原则的主要考量是:第一,是由执行程序的价值趋向决定的。在执行程序中,由于当事人之间的权利义务关系已经确定和无可争执,民事执行要处理的问题的核心是如何迅速地实现债权人的确定债权,公正性问题已经不是执行程序考虑的重心,而是更侧重于效率。如果按照实际所有权标准确定权属,将会使执行人员陷入对纷繁复杂的权利关系以及证据审查判断的漩涡之中,会迟滞执行程序的进展。而按照登记标准判断不动产权属,则基于国家对不动产登记的公信力,简单且明

---

① 参见孙忠志、范向阳:《执行与审判的界限》,载《人民司法》2005 年第 9 期。

了。第二,如果在执行程序中按照实际所有权标准确定权属,将剥夺当事人的上诉权,在程序上难显公正。执行程序中的裁定既没有质证、辩论程序,当事人也没有通过上诉程序对执行法院错误的裁定请求纠正的机会。当然,以登记作为标准不会剥夺当事人的实体权利,因为执行程序中的裁定虽然具有执行力,但是由于没有赋予实际权利人的程序保障,其对执行标的物的权属认定,只是为了迅速地推进执行程序,案外人对执行标的物所拥有的实体权利仍然可以通过另行提起诉讼解决。

（三）公开拍卖原则

1. 在对不动产进行变价时,要首先采取拍卖的方式。在不动产执行程序中将拍卖作为优先选择的变价方式,首先,有利于保护债权人的利益,通过多人应买形成有效竞价,从而使不动产的价值最大化,可以保证债权人的债权得到最大限度的受偿。其次,有利于保护债务人的利益。通过拍卖可以使债务人的不动产真正体现市场价值。由于拍卖中竞价角逐而形成的心理竞争等非市场因素,甚至可以让拍卖的不动产价格高于市场价值,这样债务人也可以最大限度地偿还债务,并且可能还会有财产剩余。最后,拍卖还有利于防止执行人员在处置执行标的物的过程中产生腐败。

2. 在对不动产进行变价时,要做到信息公开。信息公开可以增加不特定应买人的应买机会,促进财产通过司法拍卖进行合理流动。通过公开拍卖不动产的有关信息,使知悉范围扩大,从而激发潜在买受人的购买欲望,增加应买人数,提高应买价格。信息公开包括三个方面的内容:(1)拍卖的日期公开。必须于公示的日期进行拍卖,如有变更也必须及时公开变更原因,重新公开新的拍卖日期。(2)拍卖不动产的基本信息公开,主要包括不动产的坐落、规划用途、实际情况、占用使用情况等。(3)竞价场所和竞价过程公开。任何人在遵守竞价场所管理秩序的前提下,都可以进入竞价场所并观看竞价过程。

(四)合并执行原则

合并执行原则,是指执行法院在对债务人的不动产进行执行时,不动产的土地使用权和房屋所有权、主物和从物、不动产和动产在性质上不可分,或者分开后会损害不动产价值的,应合并执行。

1. 土地使用权和房屋所有权的合并执行

《最高人民法院关于人民法院民事执行中查封、扣押、冻结财产的规定》(以下简称《查封规定》)第21条第1款规定,查封地上建筑物的效力及于该地上建筑物使用范围内的土地使用权,查封土地使用权的效力及于地上建筑物,但土地使用权与地上建筑物的所有权分属被执行人与他人的除外。虽然就价值而言,债务人的土地使用权价值或者房屋价值单独一项就可能足以使债权人受偿，但是单独处置债务人的土地使用权或者房屋，将使土地与同属于一人的土地上定着物的权属在违背当事人意思的情况下强行分离，极易产生新的纠纷。为了避免衍生复杂之法律关系，执行机关在处置同属于债务人所有的土地和建筑物权属时，得合并执行。

2. 主物和从物的合并执行

不动产的从物是指辅助主物进行使用、发挥效能，虽不属于主物不动产的一部分，但同属于债务人所有之物。比如，独立院落内的车库、建筑物附属的厨房、消防设施等。这些从物，与不动产的使用有不可分离的关系，亦应一并执行。

3. 不动产和动产的合并执行

动产与不动产无论是查封还是拍卖，程序差异较大。所以债务人的财产如果既有动产也有不动产的话，应分别依动产或者不动产执行程序执行。但是，如果债务人所有的动产和不动产，在经济价值上具有不可分离之关系，或分别处分可能严重减损价值的，诸如工厂厂房与其生产线，房屋内之壁柜与房屋有整体不可分之情形，则应合并执行。

二、不动产的查封

(一)不动产权属判断

根据《查封规定》第 2 条之规定,人民法院可以查封、扣押、冻结被执行人占有的动产、登记在被执行人名下的不动产、特定动产及其他财产权。未登记的建筑物和土地使用权,依据土地使用权的审批文件和其他相关证据确定权属。对于第三人占有的动产或者登记在第三人名下的不动产、特定动产及其他财产权,第三人书面确认该财产属于被执行人的,人民法院可以查封、扣押、冻结。由此可见,对不动产查封前,执行法官需对不动产的权属作出判断,属于下列三种情况的才能采取强制措施:登记在被执行人名下的不动产;依据土地使用权的审批文件和其他相关证据确定归被执行人所有的建筑物和土地使用权;经第三人书面确认属于被执行人的登记在第三人名下的不动产。

(二)不动产的查封效力

查封作为一种强制执行措施,具有限制被查封人处分权的效力。人民法院作出的查封裁定一经送达当事人就产生法律效力,被查封的当事人其后所为的任何处分行为均构成无权处分,原则上不能产生预期的法律后果。但查封裁定生效后,并不当然具有对抗善意第三人的效力,除非已经完成了查封公示。就不动产查封的公示方法而言,原则上应当通过办理查封登记的方式进行公示,只有在不动产本身并未登记产权的情况下,才能通过张贴封条、公告等方式进行公示。不动产查封作为人民法院采取的强制措施,能够产生以下作用:对债务人处分权的限制效力;对债权人合法债权的保全效力;对司法行为的协调效力。

1. 对债务人处分权的限制效力

对债务人而言,不动产查封的效力包括以下内容。

(1)债务人仍然保留对查封不动产的所有权。查封债务人的不动产,只不过是限制债务人的财产处分权而已,在法院没有对查封的不动产处分之前,债务人仍然拥有对查封房屋的处分权。因此,在查封期间,查封的不动产意外毁损、灭失的风险仍然由债务人承担。[①]

(2)债务人对查封不动产的处分权受到限制。通常情况下,被执行的不动产一经查封,被执行人即不得进行处分。被执行人对查封财产的处分可以分为法律上的处分和事实上的处分。所谓事实上的处分,是指对查封的不动产施以毁损、变更行为而言。事实处分行为又可以分为损益处分行为和增益处分行为。前者是对不动产加以破坏,从而减少其价值,这种行为是执行法所禁止的行为,对有此行

---

① 参见徐燕华:《民事执行中查封之效力》,载《上海市政法管理干部学院学报》2001 年第 3 期。

为的债务人,执行法院可以以妨害执行的行为为由对债务人进行制裁;后者是对不动产进行添附从而增加不动产的价值,这种行为对执行程序不但无害而且有益,自然没有阻止的道理。

(3)债务人仍然可以对不动产进行使用和管理。与动产查封一般应当剥夺债务人的占有不同,由于不动产在性质上的不可移动性,且债务人对不动产的管理、使用并不妨碍执行法院将来对查封的不动产进行变价处分或者进行强制管理,并且又有查封登记作保护,债务人对查封不动产的管理使用仍得许可。如果发生债务人对不动产进行毁损等害及债权实现的行为时,执行法院则可以依职权剥夺债务人的占有。

2. 对债权人合法债权的保全效力

查封的直接目的是限制债务人对财产的处分,其最终目的在于保障债权人的合法债权得到满足。在金钱债权的执行中,查封后一般还须经过一定时间就查封物进行变价,因此,除最初申请查封的债权人以外,其他债权人也有参与到执行程序中的机会。那么,在执行中发生债权人竞合时,首先申请查封的债权人相较于其后参与执行程序的债权人而言,是否就不动产变价物的受偿获得某种程度上的优先权?

根据《执行工作规定(试行)》第88~96条和《民诉法

解释》第508～510条及第516条的规定，在民事执行中，查封债权人在一定情况下享有优先受偿权，但该等优先受偿权不具备物权的效力。具体而言，普通债权人即使身为查封债权人亦不具备与抵押权人等同的优先受偿地位，在有抵押权人存在的强制执行竞合的场合，抵押权人在执行程序中优先于包括查封债权人在内的普通债权人受偿；如多个债权人对同一被执行人申请执行，且参与执行程序的全部债权人均未就查封不动产享有抵押权的，查封债权人可基于其优先采取执行措施的优势获得优先受偿地位，而该等优先权的享有以执行财产足以清偿全部债务或案件无法进入破产程序为前提。债务人的责任财产不能清偿其全部债务时，取得执行名义（或享有担保物权）的债权人可于执行终结前申请进入执行程序，执行程序中普通债权人的债权原则上按照各债权数额占全部申请参与分配债权数额的比例平等地受到清偿。

3. 对司法行为的协调效力

查封是执行法院采取的强制措施，目的在于使查封物保持原状以便满足债权人执行依据载明的债权，因此查封的主要效力在于防止查封物的权属发生变动。不动产被查封前，除债务人作为权利人对其享有处分权外，部分司法和行政机关也得基于法律规定对其进行处分，如人民法院裁判分割共有物。司法机关采取该等行为同样可能影响债权人对债权的满足，不动产查封对此可以产生协调效力。

首先，形成判决可能使查封物的权属发生变动，进而影响已启动的强制执行程序，因此不动产被查封后，人民法院作出与之有关的形成判决的权力原则上应受查封效力的影响。

其次，确认判决虽然不具有使当事人直接取得不动产所有权的效力，但是其可能使债务人负有办理不动产权属变更、设定登记的义务，债务人可能在不动产查封后通过与案外人进行虚假确权诉讼逃避执行。因此不动产查封后法院作出权属确认判决的权力应当受到限制。根据《最高人民法院关于执行权合理配置和科学运行的若干意见》第26条的规定，人民法院在确权诉讼中须查明标的物的权属，标的物被法院查封的应立刻中止诉讼，待强制执行完毕撤销案件；查封后对标的物作出的确权法律文书应予以撤销。

最后，其他司法机关不能对执行法院已经查封的不动产进行重复查封，已被执行法院查封的不动产，其他人民法院、公安、检察机关禁止重复查封。为了弥补该制度的缺陷，我国采取轮候查封制度。债务人的财产被司法查封后，其他法院虽然不能再次查封，但是能够根据债权人的申请通知首封法院实施轮候查封或通知登记机关在被查封财产的登记簿上进行轮候查封登记，在前顺位的正式查封消灭后，后行的轮候查封可以自动转为正式查封。

第二节　唯一住房的拍卖

唯一住房一般是指被执行人除了此房屋外，在本行政区域内再无任何可保障其基本居住条件的房屋。唯一住房的拍卖，是以被执行人没有其他可供执行的财产为前提的，人民法院根据持有生效法律文书的债权人的申请，对超过生活必需标准的唯一住房，在能够保障被申请执行的债务人及其家庭成员的基本居住权后，可以将其作为执行标的。

一、唯一住房拍卖的立法发展

（一）唯一住房拍卖的演变历程

1. 唯一住房拍卖的豁免时期

2004 年《查封规定》第 6 ~ 7 条规定，对被执行人及其家属维持生活所必需的居住房屋可以查封，但不可以拍卖、变卖与抵债，对超出的部分才可以强制执行。查封不仅能将财产冻结，还能有效防止在执行阶段被执行人通过处置唯一住房产权的方式进而规避法院的执行行为，而且查封这一行为也是对其居住权的一种保护。这一规定的出台，说明随着经济的发展和社会文明的进步，保障被执行人的居住权成为我国强制执行的基本原则，我国民事强制执行已经开始注重以人为本的思想。当被执行人的基本居住权与债权人的债权发生冲突时，法律优先保障被执行人的基本居住权。虽出于对被执行人基本居住权的保护目的对其唯一住房豁免执行，但是由于《查封规定》中对于“被执行人及其所扶养家属维持生活所必需的居住房屋”这一标准的规定并不是很确定，法院对此也误解成是“唯一住房”，因此在具体的执行过程中遇到被执行人名下只有一套房屋的情形，均不再继续执行。被执行人也将此法规当成保护伞，为了逃避执行，对其名下的财产实施各种处分行为，故意造成只有一套居住房屋的假象，在强制执行时往往以此为理由提出异议，阻碍法院的执行工作。对唯一住房的豁免执行被部分被执行人滥用，一方面损害了申请执行人的合法利益，另一方面也损害了生效法律文书的效力。

2. 唯一住房拍卖的有限豁免时间

为了保护合法债权，更好地保障胜诉当事人的合法权益，2005 年施行的《最高人民法院关于人民法院执行设定抵押的房屋的规定》（以下简称《执行抵押房屋规定》，已失效），进一步对唯一住房的执行作出详细规定。《执行抵押房屋规定》第 1 ~ 3 条规定，对于被执行人所有的已经依法设定抵押的房屋，人民法院可以查封，并可以根据抵押权人的申请，依法拍卖、变卖或者抵债。人民法院对已经依法设定抵押的被执行人及其所扶养家属居住的房屋，在裁定拍卖、变卖或者抵债后，应当给予被执行人 6 个月的宽限期。

在此期限内，被执行人应当主动腾空房屋，人民法院不得强制被执行人及其所扶养家属迁出该房屋。上述宽限期届满后，被执行人仍未迁出的，人民法院可以作出强制迁出裁定，强制迁出时，被执行人无法自行解决居住问题的，经人民法院审查属实，可以由申请执行人为被执行人及其所扶养家属提供临时住房。

《执行抵押房屋规定》将设立过抵押权的房屋排除在执行豁免的范围，只要房屋抵押合法有效，法院就可以执行，最大限度地保护债权的实现，在一定程度上消除了《查封规定》实施过程中的部分消极影响，同时给予被执行人相应的救济措施，规定在执行过程中要给被执行人 6 个月的宽限期，不能直接要求腾退房屋。宽限期满以后，才可以采取强制迁出手段，并且要严格按照法律对强制迁出程序的规定。如果被执行人还未能解决居住问题，可以由申请执行人为其提供临时性的居住用房，标准参照当地城镇最低住房面积。对那些生活困难且无法自行解决居住问题的被执行人，则不强制迁出。就唯一住房的执行问题而言，《执行抵押房屋规定》进一步平衡了被执行人与申请执行人之间的利益，一定程度上解决了部分唯一住房执行难的问题，有效防止了被执行人利用唯一住房规避执行的行为，并且也相应兼顾了被执行人的基本居住问题，符合宪法对人权的保护理念。

3. 唯一住房拍卖的全面执行时期

《执行抵押房屋规定》虽然解决了一部分唯一住房执行难的问题,但是该规定的适用范围仅限于设立抵押权的房屋,对于执行标的是没有设立抵押的房屋案件,如普通的民间借贷纠纷、共有纠纷等,仍无法适用,执行程序因此搁浅。在这些没有设定执行担保的案件中,有些申请执行人由于不能收回债权利益而生活困难,被执行人却可以住在唯一住房中。实践中也存在相当一部分没有设立抵押权的唯一住房,为了解决这部分唯一住房的执行难问题,最高人民法院在2015年5月实施的《关于人民法院办理执行异议和复议案件若干问题的规定》(以下简称《执行异议复议规定》),明确可以强制执行被执行人的唯一住房,不能以执行标的是维持生活必需的居住房屋为由提出异议。

《执行异议复议规定》为未设立抵押权的唯一住房的执行明确了具体的执行方式,填补了这部分的法律空白,法院执法人员在执行时也能依据该条文对被执行人的唯一住房进行相应的处置,实现了申请执行人和被执行人双方利益的平衡,维护了生效法律文书的效力,使胜诉判决不再成为一纸空文。基于上述思想,如今唯一住房已经实现了全面执行,债权人不能以唯一住房为由逃避法院的执行。我国的民事立法仍坚持保障被执行人的居住权,但逐渐开始重视申请执行人与被执行人之间的利益平衡,对唯一住房豁免执行的限制也更加严格。

（二）唯一住房拍卖的现行规定

《执行异议复议规定》第20条规定，金钱债权执行中，符合下列情形之一，被执行人以执行标的系本人及所扶养家属维持生活必需的居住房屋为由提出异议的，人民法院不予支持：(1)对被执行人有扶养义务的人名下有其他能够维持生活必需的居住房屋的；(2)执行依据生效后，被执行人为逃避债务转让其名下其他房屋的；(3)申请执行人按照当地廉租住房保障面积标准为被执行人及所扶养家属提供居住房屋，或者同意参照当地房屋租赁市场平均租金标准从该房屋的变价款中扣除5~8年租金的。执行依据确定被执行人交付居住的房屋，自执行通知送达之日起，已经给予3个月的宽限期，被执行人以该房屋系本人及所扶养家属维持生活的必需品为由提出异议的，人民法院不予支持。

由上述规定可见，拍卖唯一住房的前提条件如下。

1. 穷尽其他执行手段

穷尽其他执行手段是法院执行被执行人唯一住房的合法性前提，法院进行利益识别的目标要达到“穷尽”，仅在实质利益冲突的案件中对被执行人的唯一住房进行处置，确保被执行人的基本权利不受侵犯。

2. 保障被执行人的基本居住权利

如果被执行的房屋面积和价值超过了被执行人及其所

扶养的家属“必需”的限度，那么如何认定这里的“必需”，法律上没有一个明确的规定，需要执行法官在执行过程中，具体问题具体分析。一般情况下，应当符合唯一房屋的人均建筑面积明显高于当地最低住房面积保障标准、房屋价格明显高于普通地段普通房屋的市场价格。

3. 保障被执行人的居住权

上述规定明确了对被执行人的保障方式：申请执行人按照当地廉租住房保障面积标准为被执行人及所扶养家属提供居住房屋，或者同意参照当地房屋租赁市场平均租金标准从该房屋的变价款中扣除5～8年的租金。对被执行人唯一住房进行拍卖，需要给予被执行人一定的居住保障，由申请人提供安置房屋或从变价款中保留租金都是保障被执行人居住权的有效方式。

二、唯一住房拍卖中存在的问题

（一）对维持生活必需的居住房屋的认定标准不明确

《执行异议复议规定》虽然使唯一住房全面拍卖成为可能，法院执法人员在执行时也能依据该条文对被执行人的唯一住房进行相应的处置，但是该规定缺乏对维持生活必需的居住房屋的认定标准，在什么范围内属于规定中的“必需”没有明确的规定。“生活所必需”是一个不明确的法律概念，此概念作为判断是否执行的前提条件时，存在仁者见仁、智者见智的情形。因此在没有其他辅助的标准外，此条件的可操作性不高。

（二）安置方式不明确

在对被执行人的唯一住房进行强制执行时，《执行异议复议规定》中规定了两种安置方式，即住房安置方式和货币安置方式。在实践中，几乎都是选择货币安置方式，对住房安置方式的使用率较低。一方面是由于货币安置更加便捷，符合民事执行高效的原则，也赋予了被执行人充分的选择余地，他可以拿着租金任意选择临时住房；另一方面是由于住房安置并无明确执行标准，容易在当事人之间产生分歧而难以调和。

"申请执行人按照当地廉租住房保障面积标准为被执行人及所扶养家属提供居住房屋"，看似规定了提供安置房的标准，实则缺乏可操作性。首先，是采取"近房换远房"或"新房换旧房"还是"大房换小房"，如何换，怎么换，法律皆缺乏相关规定；其次，确定用于保障最低生活标准住房的面积时，是否有最大面积和最小面积的限制，是以个人所需面积来计算，还是以一个家庭来计算；最后，对于一个家庭来说，提供多大的面积才算合理。针对以上的种种情形，我国法律及司法解释皆暂无相关规定。

（三）被执行人抵触情绪严重

房屋在人们心中占据着重要的地位，面对唯一住房将要被执行的现状,被执行人往往抵触情绪严重。一方面,在法院对唯一住房启动处置程序后,被执行人对法院的变价过程极不配合,甚至串通他人提出案外人执行异议,以拖延房屋的拍卖过程;另一方面,被执行人无视法律文书的效力,对法院的查封腾退公告置之不理,在买受人完成房屋过户后,仍然居住在房屋内,拒绝腾退,造成腾退执行难。

三、突破唯一住房拍卖难题的路径

(一)审慎启动处置程序

建议在执行被执行人的唯一住房时,将申请执行人的申请作为前置条件,并审慎启动处置程序。申请执行人申请要求拍卖被执行人唯一住房的,向人民法院出具自愿提供过渡租房或垫付过渡住房租金的承诺书,并承诺如果流拍,自愿不计期限地垫付过渡住房租金费用及拍卖费用。执行员确定拍卖被执行人唯一住房的,要查清被执行人所扶养家属的人数,并填写拍卖呈报表,在呈报表中说明符合唯一住房处置的条件,并逐级审查报批,由分管院长签发拍卖裁定书。在对被执行人的唯一住房处分前,通过申请执行人提供过渡租房或过渡租金,促使被执行人自愿搬移原居住房屋。即便被执行人不自愿搬移,人民法院在强制执行时也可以将房屋内的实物等强制搬移到过渡租房中。这样既解决了搬移出屋的困难,也使人民法院的执行更具有人性化。

（二）充分告知权益

被执行人唯一住房准备拍卖后，应向被执行人送达拍卖裁定书和执行告知书，明确告知其享有选择申请执行人提供的过渡租房或过渡住房租金以及在房屋拍卖后，优先保留返还其生活居住保障费用的权益。如被执行人消极对待法院执行，拒不选择安置方式，那么法院在处置时，应遵循提供过渡租房在先原则。为此在执行告知书中同时明确："被执行人收到执行告知书之日起 3 日内向本院说明选择过渡居住问题的解决方案；逾期不作出说明的，法院将视为你选择过渡租房安置，并在法院发出迁移出屋公告后而逾期不履行的，将依法强制搬移实物至申请执行人提供的过渡租房内。"

（三）妥善强制搬迁

被执行人既可选择自行租房也可选择由申请执行人提供的房屋作为过渡房屋。被执行人自行租房有困难的，可申请法院要求申请执行人为其提供一定期间的租金。在充分告知被执行人权益并承诺由其选择安置方式后，被执行人及其家属一般会自行腾空住房并交由法院依法拍卖。在执行员做了说服工作后，被执行人仍拒绝搬移出屋的，执行员应当发布搬迁出屋公告，如被执行人未在公告指定期间搬迁的，执行员应依法强制执行，将被执行人的物品搬移到过渡租房内。

（四）统一保障标准

在对被执行人唯一住房进行处置时，依法应保障被执行人及其所扶养家属生活所必需的居住房屋，而被执行人对人民法院处置其唯一住房更关注的是对他们基本生活居住保障的落实。所以，人民法院在处置被执行人的唯一住房之前，须向被执行人告知保障居住权的方式及保障费用，同时明确对保障费用，人民法院不予执行，以消除被执行人的对立情绪。保障的方式原则上采用货币安置方式为主，即在被执行人的唯一住房处置后的执行款中优先提取，优先返还，由被执行人将所得的安置款对自己及所扶养家属进行安置；保障标准可按本地区廉租住房保障管理办法所规定的廉租住房保障面积乘以当地上一年度二手房成交均价的50%；或者以当地房屋租赁市场平均租金为标准按5~8年期限在拍卖房屋的成交款中优先提取，保障费用优先提取返还被执行人后，其余依法分配给各执行债权人，执行债权人垫付的过渡住房租金相应地在上述安置保障费用中扣减返还。

综上，人民法院在执行被执行人的唯一住房时，应科学分析被执行人唯一住房所处地段、品质、价值及抵押余值等因素，审查认定被执行人唯一住房的可处分性，并通过规范执行程序，在制定妥善安置的执行预案后，平衡执行债权人和被执行人的权益，保障唯一住房执行的顺利推进。

第三节　无证房产的拍卖

我国长期以来登记制度不完善，导致许多未办理登记证书的商品房、农民自建房等不动产大量存在。这些不动产因物权外观不符合国家法定登记形式，未能办理产权证而成为无证房产。无证房产处置难的障碍主要来源于实体法上的诸多转让和收益的限制，执行法官面临对逾越法律“雷区”的禁忌和权利维护的正义冲动。

一、无证房产作为执行标的的适格性

在执行过程中，被执行人的房产是最为重要的执行标的，但是经常会遇到被执行人的房屋是无证房产的情况，那么无证房产是否能够纳入可供执行财产的范围，使之变现并抵偿申请执行人的债权？由于存在实体法上的障碍，因此在司法实践中存在许多争议。

我国的《城市房地产管理法》第 38 条规定，下列房地产，不得转让：(1)以出让方式取得土地使用权的，不符合该法第 39 条规定的条件的；(2)司法机关和行政机关依法裁定、决定查封或者以其他形式限制房地产权利的；(3)依法收回土地使用权的；(4)共有房地产，未经其他共有人书

面同意的;(5)权属有争议的;(6)未依法登记领取权属证书的;(7)法律、行政法规规定禁止转让的其他情形。无证房产就是该条所指的“未依法登记领取权属证书的”房产,是不得进行转让的。实践中许多观点认为,按照该条规定,如果将该类房屋在执行程序中予以处置,无论是经过拍卖、变卖还是协议转让均构成实质的违法转让。但本书作者认为,拍卖无证房产具有其正当性和必要性,将其作为执行标的并无不妥,理由如下。

(一)财产权是绝对权力

无证房产属于公民个人或单位所有并具有使用价值的财产。该项财产无论是合法建造、违法建造还是个人付出对价或因身份受让所得,均取得了原始所有权。西方法学家奥诺将财产所有权要素清单定为“占有、使用、管理、收益的请求权;转让、放弃、排他、抛弃的权力;消费或破坏的自由……”[①]我国《宪法》第 13 条第 1 款明确规定:“公民的合法的私有财产不受侵犯。”我国民事执行中在维护执行权的高效运行和私权保护的价值权衡上,应当在不违背公序良俗的前提下侧重维护单位和个人的私有权利。

---

① [美]斯蒂芬·芒泽:《财产理论》,彭诚信译,北京大学出版社 2006 年版,第 20 页。

（二）无证房产具有经济价值

1. 就财产价值而言，无证房产具有经济利益

无证房产虽不具备房地产权利证书，但其具备一定的经济价值，能够通过价格评估核定其经济价值。无证房产的建造消耗了大量的人力资源与社会财富。从节约社会资源的角度而言，作为社会资源配置的结果，无证房产的自身价值不应被忽视。无证房产对于债权人而言具有一定的财产价值和执行的必要，因此执行法院不应忽略无证房产的自身价值以及对其强制执行的可能。[①]

2. 无证房产的经济价值在执行程序中得以转换为交换价值

处分权的功能在于维护物的事实秩序而非维护物的法律秩序，即维护无证房产在事实上的占有与处分秩序，禁止他人以私力加以破坏，从而保障交易的安定与社会的稳定。在民事强制执行中，执行机关依据执行依据能够强制处分债务人对其财产事实上的占有和处分权利，使无证房产的经济价值在执行程序中得以转换为交换价值，以保障债权人的利益。

虽然民事强制执行在一定程度上能够产生民事法律行

---

① 参见陈海彪：《违法建筑强制执行中的法律问题》，载"长春法院网"，http://cczy.chinacourt.org/public/detail.php?id=16，最后访问时间：2020 年 7 月 27 日。

为的法律效果,但民事强制执行与民事法律行为毕竟性质有别,前者属于公法层面,而后者属于私法范畴。强制执行作为现代国家向公民提供的重要公力救济渠道,不仅具有恢复社会主体间利益平衡的功能,也具备事实上实现物权变动的功能。因而,民事财产权利的变动,不仅可以通过私法主体间的民事法律行为得以实现,也能够经由法院的强制执行活动实现物权的流转。我国现行的民商事实体法一般都以规范民商事活动中私主体间的交易行为为重点,以民事法律行为为立法规范的重要内容,而甚少考虑民事强制执行与物权变动之间的关系。由于无证房产受到公法上的管制,其无法获得法律认可而进入市场在私主体间进行自由流转与交易,但公法上的管制不应抹杀无证房产作为被执行人财产的私法属性。毕竟被执行人仍然对无证房产享有事实上的处分权,如果债权人申请强制执行时,一方面无证房产不能作为执行标的物,债权人的债权利益不能得到实现;而另一方面被执行人却享有对无证房产的事实上的处分权,仍可从无证房产的收益与处分权中获得经济利益。这样的结果不仅是对债权人的财产侵害,也有违社会公平正义的理念。

3. 无证房产可为被执行人带来可期待利益

无证房产因其违背国家土地管制与区域规划的要求而无法获得土地与房产确权证书,属于实质上的违法建筑,但无证房产的违法性在未得到土地与房屋管理部门的确认与处理前尚不能完全否认其财产价值。同时,无证房产的经济利益还体现在无证房产可为被执行人带来的可期待利益上。例如,基于租赁关系,债务人可通过出租无证房产获得一定的租金,虽然其属于将来收获的租金债权,但属于债务人的可期待利益,仍可将其纳入强制执行的范围。

(三)房产无证不影响拍卖合同的效力

首先,从物权变动原因来看,转让合同是物权变动的原因,而过户登记是确定物权变动的效力。不过户登记只产生房屋所有权不转移的效力,并不排斥转让合同的成立和生效。《民法典》第 215 条规定,当事人之间订立有关设立、变更、转让和消灭不动产物权的合同,除法律另有规定或者当事人另有约定外,自合同成立时生效;未办理物权登记的,不影响合同效力。拍卖合同作为转让合同的一种是双方在平等、自愿的基础上签订的,是双方的真实意思表示。该交易行为应受法律的保护。《城市房地产管理法》第 38 条中"未依法登记领取权属证书的"房地产不得转让,应理解为不发生物权的转移,不产生物权效力。拍卖合同是一种债权合同,其成立与生效只需符合《民法典》中所规定的一般生效要件即可。虽然房地产拍卖合同有其特殊性,但是其特殊性只体现为其标的物属性和权利变动方式的特殊性,而不是合同有特殊的生效要件。标的物是否转移对合同本身的效力并不产生影响,双方当事人基于合同形成的权利义务关系应受到转让合同的约束和法律保护。如果认定拍卖合同无效则不利于保护善意当事人的合法权益,不利于维护正常的交易秩序。

其次,即使合同违反了法律的强制性规定,也不一定无效。从民事法律规范的角度看,调整私法行为的强制性规定包括效力性规范和管理性规范。管理性规范被赋予公法责任,效力性规范才是认定私法行为效力的依据。合同行为是典型的私法行为,强制性规定对合同效力的影响在于其是否属于调整私法行为的规定,是否为了规范私法行为的效力,进而是否为了规范合同行为的效力。只有违反效力性规范的合同才是无效合同。违反管理性规范的合同,只产生行政管理即公法上的法律后果,并不影响私法领域中当事人之间签订的合同的效力。《城市房地产管理法》是行政管理性法律,其立法目的在于国家加强对房地产市场的管理和监督。该法第 38 条中“未依法登记领取权属证书的”房地产不得转让的规定是法律对出卖房屋人的强制性要求,是管理性规范,并不影响拍卖合同的效力。

二、小产权房的拍卖

(一)小产权房的概念

小产权房并不是法律上的概念,而是人们在社会实践中形成的一种约定俗成的称谓。小产权房是指未经依法批准在农民集体所有土地上建设,向本集体经济组织以外的单位、个人以及不符合建房条件的村民销售或以长期租赁等形式变相出售的住房。因其未办理相关证件,未缴纳土地出让金等费用,其产权证不是由国家房管部门颁发,而是由乡政府或村颁发,也被称为“乡产权房”。因此,实际上小产权房产没有真正的产权,没有国家发的土地使用证和预售许可证,相应的购房合同国土房管局也不会给予备案。

(二)小产权房的现实状况

小产权房没有国家房管部门颁发的产权证,只有由乡政府或村委会颁发的产权证或者根本没有权属证明,是目前我国城乡二元结构下的一种特殊产物。

1. 小产权房的类型

司法实践中,小产权房所占用的农村集体建设用地可大致区分为三类。

第一类是在集体土地上成片开发的小产权房,这类小产权房可称为“商业小产权房”。占用原有乡镇企业建设用地的小产权房。改革开放初期,国家为盘活农村经济,促进城乡市场的一体化,提高农民的收入水平,在农村集体中积极推动乡镇企业的建设。但随着市场经济形势的不断发展,很多乡镇企业往往因经营不善而被市场淘汰,而原有乡镇企业所占据的土地也就随之闲置,为避免闲置土地的资源浪费,对于无法或者难以复耕的土地,乡镇政府、村集体便将闲置土地出租给开发商用于小产权房的建设和销售。

第二类是占用农村宅基地的小产权房。虽然乡镇企业遗留下来的闲置土地便于开发成“小产权房”,但其土地面积仍然无法与农村存量宅基地的占地规模相比,因而占用农村宅基地进行小产权房开发是目前小产权房最为普遍和常见的用地类型。开发商在乡镇政府与村集体的协助下先将连片宅基地上的农户迁出,集体安置在由开发商前期建设的安置房内,进而在腾出的土地上建设小产权房。最终,开发商将待售的小产权房的一部分无偿返还或者低价出售给迁出的农户,将另一部分用于实际的销售。

第三类是占用乡村公共设施和公益事业用地的小产权房。农村公共设施与公益事业用地主要用于农村行政办公、农村文化、医疗、教育以及乡村道路、水利设施的建设。原本该类土地是用于提高乡村整体的公共服务水平,改善农村居民的生活服务质量,但这些设施在选址上缺乏足够的预见性和科学性,致使已建成的服务设施难以辐射目标人群,致使服务设施常年闲置。因此,乡镇政府与村集体选择将土地出租给开发商进行小产权房的开发,收取的租金主要用于村集体行政办公及公用事业支出。

2. 小产权房的权属证明

虽然小产权房无法向土地和房地产管理部门申请不动

产登记,取得国家承认的产权证明,但租让土地的乡镇政府和村集体为了给予购房者购房凭证和房屋所有权证明,一般会给购房者颁发所谓的“房屋产权证”。这类“房屋产权证”主要有三种:一是村集体颁发的房屋产权证,村集体会仿照城市房屋所有权证的样式制作由村集体记载并加盖村集体公章的房屋产权证。二是乡镇政府颁发的房屋产权证。虽然大多数的小产权房由村组出面签订土地出租协议或者合作开发协议,但这样的土地交易与开发行为都得到当地乡镇政府的指导,乡镇政府承诺在小产权房买卖后为购房者颁发由乡镇政府加盖公章的房屋产权证,并且明示购房者,若需将房屋转让,可凭该房屋产权证进行交易,乡镇政府还会为这样的交易行为进行登记备案。正是基于对国家政权权威性的信任,购房者才会有恃无恐地购买小产权房。三是政府管理部门颁发的房屋产权证。除乡镇政府外,某些地方的土地和房地产管理部门会为小产权房颁发“合法”的产权证。[①]

(三)小产权房的拍卖困境

在执行案件中,不动产由于其自身的价值相对较高,成为被执行的重要财产。在正常的不动产执行中,法院可以

---

① 参见杨遂全等:《“小产权房”处置与土地制度创新——以城乡房上联建权合法化为突破口》,法律出版社 2013 年版,第 8 页。

对不动产本身进行正常的拍卖以完成执行。但是，在小产权房的执行中，法院处于两难的境地，且单纯就小产权房的评估拍卖而言也存在重重障碍。

1. 强制拍卖缺乏理论依据

小产权房的所有权人不具备建设用地使用权，在政策上也是不准予以流通的类型，在正常的流通中存在相应的问题。如果法院予以执行并拍卖，那么作为非本集体经济组织的成员也可以购买小产权房，这等于事实上以司法的形式承认了小产权房的合法性，至少是流转的合法性。这与当前的法律规定以及中央严厉打击小产权房的既定方针不符。在实践中也将会面临理论和社会的质疑，法院将会承受巨大的压力。

2. 小产权房的权属难以判断

小产权房无法实现房屋所有权的初始登记和变更登记，无法通过土地和房地产管理部门即时查询房屋所有权的归属情况。即使购房者得到乡镇政府或村集体颁发的"房屋产权证"，在购房者实际买卖小产权房时，这类"房屋产权证"的移转也不及时，更大的问题在于，为了减少不必要的麻烦和支出，小产权房交易双方往往会忽略甚至有意避免在乡镇政府处办理变更登记。因而，小产权房的交易缺乏必要的公示渠道，其房屋所有权归属也难以判断。同时，无法进行不动产物权登记的小产权房如同"不存在"的财产，除非申请人主动提供执行信息，否则执行法院很难发现这类财产。登记确权文件的缺失也造成了核定房屋及其占地面积的困难，由于其没有房屋权属证明，因此加大了法院在执行过程中评估测绘工作的难度。即使有乡镇政府或村集体颁发了“房屋产权证”，其在记载内容和准确性上也难以达到法院强制执行的要求。

3. 小产权房的价值难以确定

在司法实践中，法院由于缺乏对不动产估值定价的专业能力，往往将拍卖标的价值评估工作交由不动产评估机构完成，法院在拍卖标的估值的基础上确定拍卖保留价。不动产评估机构出于对自身责任的考量，往往拒绝对小产权房进行评估定价，没有这类评估机构专业的估值定价，也就无法确定小产权房的拍卖保留价，拍卖工作将陷入困境。

4. 强制拍卖后的权属变更问题

不动产强制拍卖、变卖以及以物抵债的执行方式本质上属于对不动产在法律上的处分，其核心在于所有权权能的移转。小产权房的所有权无法通过合法渠道实现交易流转，如果强制执行程序能够实现使购买小产权房一方获得所有权，将变相使小产权房合法化，一旦强制执行程序具有了这种使小产权房合法化的赋权功能，可能招致的将是数以万计的以小产权房合法化为目的的虚假诉讼。因此，既要保证执行工作的顺利开展，也要防止违法建筑等不符合法律法规规定的房屋通过强制执行行为合法化。因而执行法院面临两难的选择,一方面小产权房的所有权无法变更将致使强制执行效果不佳,效率低下;另一方面执行法院还要警惕小产权房的变相合法化。

(四)小产权房的执行方式

小产权房作为一种权利限制性的财产,虽不能自由流通,但在现实社会中存在较大价值。执行法官对小产权房执行时,往往会感觉“食之无味,弃之可惜”。相对于近年来小产权房大量出现的现实,我国强制执行立法就显得较为滞后。法院在民事强制执行中遇到小产权房时如何处理,成为摆在法院与执行法官面前的一大难题。在执行实务中,对小产权房的处理有不同的观点:一是认为应当将小产权房作为执行案件的财产进行处理。在执行过程中,小产权房可以作为被执行财产进入拍卖程序,以拍卖款进行清偿;二是小产权房属于被执行财产,但不可以进入拍卖程序,可以采取以物抵债或者变卖的方式进行处理。

本书倾向于第一种处理意见,但处置过程需以“现状处置”为原则,以“瑕疵披露、风险告知”为手段,注重执行房屋的使用收益权。根据《最高人民法院关于转发住房和城乡建设部〈关于无证房产依据协助执行文书办理产权登记有关问题的函〉的通知》中的要求,执行程序中处置未办理初始登记的房屋时,具备初始登记条件的,执行法院处置后可以依法向房屋登记机构发出《协助执行通知书》;暂时不具备初始登记条件的,执行法院处置后可以向房屋登记机构发出《协助执行通知书》,并载明待房屋买受人或承受人完善相关手续具备初始登记条件后,由房屋登记机构按照《协助执行通知书》予以登记;不具备初始登记条件的,原则上进行"现状处置",即处置前披露房屋不具备初始登记条件的现状,买受人或承受人按照房屋的权利现状取得房屋,后续的产权登记事项由买受人或承受人自行负责。小产权房作为无法进行初始登记的房产,自然涵盖在上述规定之内。该规定认可了小产权房的价值,可以用于抵顶债务,有利于化解"执行难"。

第四节　共有房产的拍卖

对共有房产的执行,一直是我国执行实操中的难题。我国长期以来忽视共有财产尤其是共有房产的特殊性,对其执行缺乏专门的规定,以至于共有房产在执行过程中仅能参照一般的执行规定。而法院对任何一个共有人的份额或权利进行执行都不可避免地牵涉、影响到其他共有人的利益,此时债权人的债权与案外共有人的合法权益之间实在难以平衡。

一、共有房产强制执行的多种模式

我国目前对共有房产执行的法律规定较为模糊、笼统，对执行部分共有人的财产时对共有房产的执行规定更是稀缺，由此导致各地法院对仅有的规定理解不一，在实践中操作无法统一，目前各地法院对执行共有房产模式各异，主要模式分为三类。

（一）予以查封但不拍卖

法院以共有房产存在非被执行人的权属人，而房屋属于不可分割物为由，认为该房产不具备执行条件，因此对该共有房产不予执行。显然，共有并不能阻却责任财产的属性，在秉承追求效率、保障债权人债权的执行程序中，共有财产仍可看作被执行人财产的一部分。[①] 此种模式属于不作为执行，容易使债务人故意制造一些原本不存在的法律关系来处分财产、规避法院对其强制执行，产生极其恶劣的社会效果。这种模式在现在的司法背景下已是极少数。

（二）先析产后拍卖

根据《查封规定》第14条的规定，对被执行人与其他人共有的财产，人民法院可以查封、扣押、冻结，并及时通知

---

① 参见滑金旭、李成云：《论我国夫妻共有财产执行的困境与出路——基于夫或妻一方为名义债务人的视角》，载《佳木斯职业学院学报》2017年第8期。

共有人。共有人协议分割共有财产,并经债权人认可的,人民法院可以认定有效。查封、扣押、冻结的效力及于协议分割后被执行人享有份额的财产;对其他共有人享有份额的财产的查封、扣押、冻结,人民法院应当裁定予以解除。共有人提起析产诉讼或者申请执行人代位提起析产诉讼的,人民法院应当准许。诉讼期间中止对该财产的执行。对共同共有的房产,法院认为应由共有人先行析产或由申请执行人代位析产,确定被执行人所占份额后才能进入执行。

（三）直接拍卖

无论共同共有还是按份共有,法院均可径行对被执行人名下的共有房产直接执行。此种执行模式在我国占据绝大比例。在强制执行阶段,法院对被执行人名下房产的处分手段主要是拍卖、变卖。

上述第二、三类模式在拍卖过程中又存在两种操作方式,一种以案外共有人的物权神圣不可侵犯为由,仅裁定拍卖被执行人所占该共有房产的份额,非被执行人名下的共有房产份额不予处理,该种操作模式在执行实践中通常称为“份额拍卖”;另一种以房产系难以分割物,分割后会减损价值为由,裁定拍卖该共有房产,拍卖后保留案外共有人所享有份额的价款并予以归还,该种操作模式在执行实践中通常称为“整体拍卖”。

二、共有房产拍卖的现实困境

（一）先行析产有碍执行

《查封规定》赋予了共有人和申请执行人提起析产诉讼的权利，但如果将提起析产诉讼作为处置共同共有房产的前置条件将导致执行程序的停滞问题。实践中共有人或申请执行人由于客观困难或主观考量不愿意提起析产诉讼的情况还是比较常见的，共有人主动提起析产诉讼的可能性并不大。为了避免共有人提起析产诉讼的动力不足和可能产生的虚假诉讼问题，《查封规定》为申请执行人设置了代为提起析产诉讼的权利。代位提起析产诉讼意味着申请执行人在债权没有得到清偿的前提下，还要继续投入时间、精力、金钱等诉讼成本，可能影响申请执行人的主观动力。如果共有人与申请执行人均不提起析产诉讼，那么案件执行就可能陷入停滞状态。

（二）不先行析产有“以执代审”之嫌

《查封规定》赋予共有人和申请执行人的是代位提起析产诉讼的权利，而并非提起析产诉讼的法定义务。因此，无论对按份共有房产还是共同共有房产，析产诉讼并非执行共有财产的前置条件。然而，由于共同共有财产的共有人对该财产平等地享有权利、承担义务，在共同共有关系存续期间，各共有人对该财产所占份额是无法划分的，这也是区别共同共有与按份共有的意义所在。共同共有人如需解除共同共有关系,除当事人同意协商确定各自所占份额外,需通过诉讼程序解决。虽然追求权利实现的效率固然重要,且执行过程遵循效率原则,但不能以牺牲公正的方式换取执行中效率的提高。执行部门的权限仅限于执行生效法律文书,并没有审判的权限。若实现的程序没有正当化,则无法获得执行的正当性依据,更无法对程序价值选择做出最好的诠释。如果法院在执行阶段直接认定被执行人所占共同共有房产的份额,则有“以执代审”之嫌。

(三)份额拍卖的困境

目前我国对共有房产采取份额拍卖模式的法院占少数,主要原因是份额拍卖竞买人少、成交率低,对执行时长、执行到位金额、执行效率等均会造成不利影响。

1. 共有房产份额难变现

一方面,份额拍卖由于没有完整处置整个物权,法院在拍卖成交后必定无法对房产进行腾退交付。对于竞买人而言,如其与被执行人或作为非被执行人的共有人并不相识,购买房产份额后,在后续居住、使用问题上将产生许多未知风险,因此大多人不敢参与竞买。

另一方面,在共有房产份额流拍,又未发现被执行人有其他财产可供执行的情况下,部分申请执行人在别无选择的情况下向法院请求以物抵债。然而,申请执行人请求以物抵债后，其将与其他共有人共有一处房产，新的风险和纠纷可能随之衍生。首先，申请执行人可能会面临仅享有房屋份额的所有权，而无法实际占有、使用、收益的问题。其次，如果申请执行人希望处分该共有房屋以期实现资金回流，则可能面临因共有人不配合而无法处分的窘况。总之，申请执行人通过以物抵债取得被执行人的房屋份额，不仅可能无法实际实现原有债权，还可能与共有人因房屋的占有、使用、收益、处分问题产生新的纠纷，仅为实现一个债权却需承担多次诉累。

2. 已抵押的共有房产无法实现份额拍卖

对于设立了抵押权的共有房产，抵押权的效力及于全部抵押物，当担保债务到期未偿还时，抵押权人对该抵押物享有优先受偿权。由于抵押权人对抵押物享有优先受偿权，故不论转让该抵押物的部分还是整体，转让所得的价款都应当先行用于清偿抵押权人的担保债权，再清偿其他普通债权人的债权。如仅拍卖被执行人所占共有房产的份额，在解决抵押权的涤除问题时势必面临种种问题。首先，抵押权不能部分涤除。对于抵押权人而言，其享有的抵押权是对整套房产的优先权，若强行分割一部分则对其将来担保债权的实现极其不利。其次，如果以转让份额所得价款涤除房产的全部抵押，转让份额所得价款极有可能不足以清偿抵押权人的担保债权，构成无益处置。最后，即使转让份额所得价款足以清偿抵押权人的担保债权,也势必需要以被执行人一人的份额转让款用于清偿包括被执行人和其他共有人多个抵押人的借款,则用于偿还申请执行人债务的款项必定减少,同样有损申请执行人的合法权益。

3. 成交率低,执行成效差

法院通过拍卖被执行人房产的方式实现被执行人债务的清偿,从而实现案件的执结。然而,份额拍卖往往成为强制执行的绊脚石。一方面,出于难以实际占有使用、后续风险与成本的未知性等考虑,竞买人多对共有房产份额的拍卖标的物望而却步,参与竞买的意愿降低,造成共有房产份额拍卖的拍卖行情低迷、流拍率极高;另一方面,实践中,法院在起拍时为提高拍卖成交率而适当降低保留价即起拍价,以期提高群众的竞买参与热情,达到溢价拍卖的愿望。即使有人参与竞买,也大多仅有优先购买权人或被执行人的亲属参与竞买,其在毫无竞价压力的情况下即能以拍卖保留价取得涉案共有房产份额的所有权,拍卖成交价通常低于市场价,申请执行人所得执行款也因此减少。

(四)整体拍卖的困境

整体拍卖方式是目前多数法院的一贯做法,但整体拍卖共有房产因牵涉案外人的物权,在实践中也是困难重重。

1. 侵犯共有人的法定权利

一方面,除经占份额 2/3 以上按份共有人同意的情形外,无论是共同共有还是按份共有,共有人对自己享有的份额均有不处分的权利。然而,整体拍卖共有房屋会直接把案外共有人的份额一并处分。整体拍卖这种执行行为是为实现一个债权而摧毁一个物权,无论从法理上还是情理上都是欠妥的。

另一方面,执行行为原则上只可及于执行依据所确定的义务履行主体。强制执行的对象只能是被执行人,强制执行的财产只能是属于被执行人的财产。然而,法院的整体拍卖行为把非被执行人的财产一并强制执行,明显违反了执行机构遵循的物权公示原则和权利外观主义,实属执行力的法外扩张。对不在该执行案件中负有偿还债务义务的案外共有人,其权利无疑受到了侵犯。

2. 共有人的优先购买权难以保障

房屋共有人对其共有房屋享有优先购买权,但在司法实践中,其他共有人的权利或多或少会实际受到不利影响。一方面,要考虑到被执行人已经存在一定困难,其他共有人并非案件当事人,法院在获取其有效联系电话及地址等方面更加困难。从充分保障其他共有人权益的角度出发,法院要实际通知到其他共有人,尤其是并未居住使用涉案拟拍卖房屋的其他共有人,实操中如大海捞针,难度极大。另一方面,对于大部分人而言房价与收入极不匹配,很多案外共有人名下的原有房产已购买许久,或通过拆迁、继承等其他途径取得,其根本没有经济条件负担现在的房价。若共有人没有足够资金按市场价值购买该共有房屋的拍卖份额,优先购买权对于他们而言毫无意义。

3. 拍卖后难腾退

实践中,其他共有人因产生与执行案件纠纷无关却权益受损的心理预期,对法院拍卖其共有房产的执行行为存在较大的抵触情绪,消极配合或拒不配合的行为并不鲜见。虽然执行法官可以对拒不移交的被执行人或第三人处以罚款、拘留、强制清场甚至追究刑事责任,但是根据现有法律,对其他共有人的房屋份额一并强制执行的合法性尚有待商榷,对其他共有人不配合执行的行为,大多法院因无法对其明确释法,仍不具有对其采取惩戒措施的"底气",共有房屋的腾退交付工作相对于普通拍卖房屋的腾退交付工作而言难度更甚。

三、共有房产评估拍卖中应注意的问题

(一)执行共同共有房产应当以被执行人的个人财产已无法清偿或难以执行为前提

近年来我国在"解决执行难"的大环境下,随着强制执行力度的不断加强以及执行网络查控技术的不断优化,法院对被执行人名下财产的查控手段越来越多样化。除了通过网络执行查控系统查询得到被执行人在全国的线上线下

银行账户及存款、车辆、证券、工商登记、理财投资产品等信息外，依照最高人民法院的规定，法院还需通过发函、实地走访等方式，向被执行人所在的村委会、居委会、工作单位等地方调查执行网络查控系统尚未覆盖的分红、租金等现金收入，个体户经营情况，对机器设备等普通动产的所有权等进行多类型财产的传统调查。

法院查控手段的覆盖面越来越广，再结合申请执行人财产线索的提供、被执行人财产申报制度的执行力度，法院对被执行人名下的财产掌握得越来越全面。很多情况下，对被执行人名下个人财产的执行已经足以执结案件。即使被执行人名下的个人财产确实不足以清偿债务，罚款、拘留、纳入失信被执行人名单、限制高消费等强制惩罚措施的配合，使越来越多的被执行人在生活面临巨大不便的情况下主动要求履行偿还义务，法院根本无须额外处置与案外人利益紧密相关的共有财产。

因此，为了尽量减少对案外共有人的影响，法院在强制执行时应先行穷尽对被执行人个人财产的执行，在穷尽财产调查措施，未发现被执行人名下有可供执行的个人财产，或所发现的个人财产不足以清偿执行依据所确定的债务时，就可对被执行人实施罚款、拘留、纳入失信被执行人名单、限制高消费等惩罚措施，倒逼被执行人主动履行。在穷尽个人财产执行以及根据法律规定作出相应惩罚性执行措施后，才可以对被执行人与案外人共有的财产尤其是共有房产予以执行。

（二）在保障其他共有人利益前提下进行整体拍卖

整体拍卖之所以成为当前法院普遍采取的拍卖方式，主要原因在于整体拍卖能够有效避免房屋份额拍卖可能导致的房产价值的大幅度贬损，甚至执行拍卖程序空转造成的司法资源浪费。如果严格按照份额处置的原则，对房屋进行份额拍卖，实践价值甚微，甚至可能导致被执行人恶意规避执行的后果。特别是在“解决执行难”的大背景下，提高拍卖成交率显得尤为重要。从利益平衡的角度考虑，可以允许对共同共有房产进行整体拍卖，但整体拍卖必须建立在充分保障案外共有人利益的基础上。

1. 保障其他共有人的知情权

房产拍卖前，充分保障其他共有人的知情权，包括在房产查封时通知其他共有人，房产拍卖时向其充分释明优先购买权，如果其他共有人愿意以被拍卖份额的评估价购买，应当允许其购买。

2. 保障其他共有人的优先购买权

在房产拍卖中，通过技术方式充分保障其他共有人的优先购买权，房屋上拍前充分告知拍卖情况，竞价方式，并在拍卖平台上说明其身份，设置其同样出价条件下的优先购买权，积极引导其他共有人参与竞拍。

3. 保障其他共有人除财产权外的其他权益不受损失

在房产拍卖后,如果其他共有人拍得房产,应当允许其仅支付被执行人应有份额部分的价款,如果未拍得房产,尽可能保障其他共有人除财产权外的其他权益不受损失,也要尽可能保障其他案外人除财产权外所享有的子女入学、医疗等权利。

第五章　动产的评估拍卖

执行法院对被执行人的动产处置流程，主要分为查封、确定财产处置参考价、拍卖（包括一拍和二拍）、变卖、以物抵债等流程。

第一节　查封与保管

一、动产的查封

（一）动产权属判断

根据《查封规定》第2条之规定，人民法院可以查封、扣押、冻结被执行人占有的动产、登记在被执行人名下的不动产、特定动产及其他财产权。未登记的建筑物和土地使用权，依据土地使用权的审批文件和其他相关证据确定权属。对于第三人占有的动产或者登记在第三人名下的不动产、特定动产及其他财产权，第三人书面确认该财产属于被执行人的,人民法院可以查封、扣押、冻结。由此可见,对动产查封前,执行法官需对动产的权属作出判断,属于下列三种情况的才能采取强制措施:属于被执行人占有的动产;登记在被执行人名下的特定动产;经第三人书面确认属于被执行人的第三人占有的动产或者登记在第三人名下的特定动产。

(二)动产处分权的取得

1. 人民法院取得财产处分权的前提

执行法院对被执行人的动产变价处置的前提是已经对被执行的动产采取了查封、扣押等保全与执行措施。

《民诉法解释》第484条规定了查封、扣押、冻结作为人民法院取得被执行财产处分权的前提,“对被执行的财产,人民法院非经查封、扣押、冻结不得处分”。查封、扣押、冻结在不少国家和地区是强制执行被执行财产的前提。之所以将查封、扣押、冻结(以下通称查封)规定为人民法院强制处分被执行财产的前提,是基于这样的理论基础:强制执行是由国家对债务人动用强制力,实现债权人私法上的请求权。因此,强制执行对债务人财产的处分并不需要民事交易中的意思表示等要件,如果具体行使强制执行权的人民法院,不以一定的形式向被执行人与不特定的第三人昭示这种处分权,就私法秩序而言,必然会面临人民法院公法上的处分权与被执行人私法处分权的冲突,甚至会危害社会交易安全。就公法秩序来说，如果不进行查封即可处分，必然会面临不同法院或者同一法院的不同案件可能会对同一财产进行处分的情况，如何协调不同法院、不同案件对同一财产进行处分的效力将是难题，那么执行争议将会大幅增加。

人民法院在对被执行财产采取强制拍卖、变卖、以物抵债等处分措施之前，根据不同的财产类型，必须采取查封、扣押、冻结等控制性措施；否则，其处分行为即违法。查封的目的在于：首先，告知被执行人该财产的处分权已经被人民法院取得，被执行人不得再对该财产进行有害债权人的处分行为；其次，向社会不特定的第三人进行宣告，该财产已经被人民法院限制处分，如果仍然和第三人进行以转移该财产权属、设定权属负担的交易行为，将会面临交易目的不能实现的后果；最后，也告知其他查封机关，该财产已被在先查封机关控制，不得再进行重复查封，而只能轮候，等待在先查封机关的处理结果。

2. 人民法院取得财产处分权的内涵

首先，这种权力是公法上的权力，以国家的名义做出。因此，人民法院可以不经被执行人同意即可对该财产进行公法上的处分，包括对其进行拍卖、变卖和以物抵债，受让人通过强制执行程序受让被执行财产系原始取得，除非强制处分程序本身违法而被撤销，即使执行依据被废弃，其原始取得的物权也不得受到追夺。

其次,人民法院取得处分权之后,被执行人的处分权即受到限制,这种限制因人民法院采取的查封方法不同而有所区别。例如,对不动产,在实践中有所谓“活封”和“死封”的区别。“活封”,即仅在不动产登记机构办理不动产查封登记,限制不动产的交易,并不影响被执行人的继续使用,以避免资源浪费。“死封”,则除限制不动产的价值交易之外,还要在不动产之上张贴封条,禁止被执行人和第三人使用。人民法院应当根据个案的具体情况采取不同的限制处分方法。限制被执行人的处分权既包括限制其进行事实上的处分,也包括限制其进行法律上的处分。前者是指其不得对被执行财产进行物理意义上的毁损变动,后者是指被执行人不得有转移被执行财产权属和设定抵押权、租赁权等权属负担的行为。需要指出的是,这里的限制处分,并不是绝对地禁止进行任何处分,而是指被执行人和其他人不得进行有害于债权人和查封公法秩序的处分。至于有益的处分不但不在禁止之列,相反,应该是受到鼓励的行为,例如,对查封的不动产进行增建、解除查封财产之上的权利负担等。

再次,人民法院的处分权以一定的方式对外公示后,对第三人亦产生相应的效力。被执行财产如要流转,不可避免地要涉及与被执行人进行交易的不特定第三人的权利,为了维护交易安全，人民法院的处分权必须以一定的方式对外公示，否则，不能对第三人产生效力。至于公示的方式，对动产，是由人民法院占有，而对不动产、有登记的特定动产和其他财产权是通过办理查封的登记方式进行。

最后，对于妨害人民法院行使处分权的行为，一方面，人民法院可以以妨害执行为由对其进行公法上的处罚，依照《民事诉讼法》第 114 条、第 117 条的规定，对被执行人、协助义务人和其他人处以罚款、拘留；情节严重的，依法追究刑事责任。另一方面，如果这种妨害行为还同时造成被执行财产流失、灭失的后果，依据《执行工作规定（试行）》第 26 条、第 32 条的规定，人民法院可以责令其限期追回或者向申请执行人承担赔偿责任。

（三）动产查封的方式

被执行人财产的存在形态、物理属性以及国家对财产的管理手段等方面的差异，决定了对这些财产的查封方法是不同的。《查封规定》主要将财产分为动产和不动产、特定动产及其他财产权，并规定了不同的查封、扣押、冻结方法。

《查封规定》第 6 条规定，查封、扣押动产的，人民法院可以直接控制该项财产。人民法院将查封、扣押的动产交付其他人控制的，应当在该动产上加贴封条或者采取其他足以公示查封、扣押的适当方式。对动产查封、扣押时，由执行人员将查封、扣押物转移到执行法院直接控制,也可将查封、扣押物交付指定人控制。在交付指定人控制的情况下,应当在动产上加贴封条或者采取其他公示的方法予以公示。

二、查封动产的保管

《查封规定》第 10 条规定,查封、扣押的财产不宜由人民法院保管的,人民法院可以指定被执行人负责保管;不宜由被执行人保管的,可以委托第三人或者申请执行人保管。由人民法院指定被执行人保管的财产,如果继续使用对该财产的价值无重大影响,可以允许被执行人继续使用;由人民法院保管或者委托第三人、申请执行人保管的,保管人不得使用。《查封规定》第 11 条规定,查封、扣押、冻结担保物权人占有的担保财产,一般应当指定该担保物权人作为保管人;该财产由人民法院保管的,质权、留置权不因转移占有而消灭。

从《查封规定》第 10 ~ 11 条的规定可知,动产的保管具有多种可能性,具体而言:首先,查封、扣押的动产原则上由人民法院保管;其次,对于不宜由人民法院保管的,人民法院可以指定被执行人负责保管;再次,不宜由被执行人保管的,可以委托第三人或者申请执行人保管;最后,查封、扣押担保物权人占有的担保财产,一般应当指定该担保物权人作为保管人。

第二节　确定财产处置参考价

案件进入强制执行程序且被执行人的财产被法院查封、扣押、冻结后，执行法院拍卖、变卖的被执行人财产需要确定财产处置参考价。司法实践中通常使用的4种确定财产处置参考价的方式分别为：当事人议价、定向询价、网络询价、委托评估。4种确定财产处置参考价的方式既相互关联、先后有序，又相互独立可以直接选用。

一、当事人议价

当事人议价，是指申请执行人和被执行人双方通过商议确定财产处置价格；采取当事人议价方式确定参考价的，除一方当事人拒绝议价或者下落不明外，人民法院应当以适当的方式通知或者组织当事人进行协商，当事人应当在指定期限内提交议价结果。双方当事人提交的议价结果一致，且不损害他人合法权益的，议价结果为参考价。采用当事人议价方式确定参考价的，应首先排除法律或行政法规规定的必须委托评估的情形。

二、定向询价

定向询价，以当事人议价不能、不成或当事人一致要求定向询价为适用前提,同时满足财产有计税基准价、政府定价或者政府指导价条件,人民法院应当向财产所在地有关机构出具询价函,询价函应当载明询价要求、完成期限等内容。接受定向询价的机构在指定期限内出具的询价结果为参考价。

三、网络询价

《处置参考价规定》第 7 条规定:"定向询价不能或者不成,财产无需由专业人员现场勘验或者鉴定,且具备网络询价条件的,人民法院应当通过司法网络询价平台进行网络询价。双方当事人一致要求或者同意直接进行网络询价,财产无需由专业人员现场勘验或者鉴定,且具备网络询价条件的,人民法院应当准许。"采取网络询价方式的基础是财产无须专业人员现场鉴定或勘验,且具备网络询价条件。

最高人民法院建立了全国性网络司法询价平台名单库,向名单库中所有的司法网络询价平台进行询价后,法院会对网络询价报告是否存在财产基本信息错误、超出财产范围或者遗漏财产等情形进行形式审查。实践中,绝大多数法院最终会将通过审查的网络询价结果的平均值作为财产处置的参考价。

四、委托评估

根据《处置参考价规定》第 14 条的规定，法律、行政法规规定必须委托评估、双方当事人要求委托评估或者网络询价不能或不成的，人民法院应当委托评估机构进行评估。《处置参考价规定》在保留委托评估的基础上增设其他三种定价方式，但是实践中仍有大量财产需要通过委托评估的方式确定参考价。特别是法律、行政法规规定必须委托评估、双方当事人要求委托评估或者网络询价不能或不成三类情形下，均优先适用委托评估方式。

司法实践中，对于价值低于 1 万元的财产，可以不进行评估，由执行法官组成合议庭直接确定待处置财产的价格。

第三节　动产拍卖程序

动产的拍卖在确定财产处置参考价后，拍卖的流程还包括以下程序：选定网络司法拍卖平台、确定拍卖保留价、发布拍卖公告、收取保证金及竞价。

一、选定网络司法拍卖平台

拍卖上市公司的股份需要严格按照《最高人民法院关于冻结、拍卖上市公司国有股和社会法人股若干问题的规定》的相关规定办理,除此之外,网络司法拍卖平台由申请执行人从最高人民法院建立的全国性网络服务提供者名单库中选择,包括:淘宝网、京东网、人民法院诉讼资产网、公拍网、中国拍卖行业协会网、工商银行融 e 购、北京产权交易所等。申请执行人未选择或多个申请执行人的选择不一致的,由人民法院从最高人民法院建立的全国性网络服务提供者名单库中依职权指定。

二、确定拍卖保留价

网络司法拍卖应当确定保留价,拍卖保留价即为起拍价。起拍价由人民法院参照评估价确定;未作评估的,参照市价确定,并征询当事人的意见。第一次拍卖的起拍价不得低于评估价或者市价的 70%。第二次拍卖的起拍价降价幅度不得超过前次起拍价的 20%。

三、发布拍卖公告

网络司法拍卖应当先期公告,拍卖公告除通过法定途径发布外,还应同时在网络司法拍卖平台发布,制作、发布拍卖公告的职责由人民法院承担。拍卖公告应当包括拍卖财产、价格、保证金、竞买人条件、拍卖财产已知瑕疵、相关权利义务、法律责任、拍卖时间、网络平台和拍卖法院。动产第一次拍卖公告的发布时间是在拍卖 15 日前;如果第一次拍卖流拍，第二次拍卖要在第一次拍卖流拍后的30日内在同一网络司法拍卖平台再次拍卖，公告需在拍卖7日前发布。

四、收取保证金及竞价

(一)收取保证金

拍卖不动产、其他财产权或者价值较高的动产的，竞买人应当于拍卖前向人民法院预交保证金。申请执行人参加竞买的，可以不预交保证金。保证金的数额由人民法院确定，但不得低于评估价或者市价的5%。应当预交保证金而未交纳的，不得参加竞买。拍卖成交后，买受人预交的保证金充抵价款，其他竞买人预交的保证金应当在三日内退还；拍卖未成交的，保证金应当于三日内退还竞买人。

(二)竞价

网络司法拍卖从起拍价开始以递增出价方式竞价，增价幅度由人民法院确定。网络司法拍卖的竞价时间应当不少于24小时。竞价程序结束前5分钟内无人出价的，最后出价即为成交价；有出价的，竞价时间自该出价时点顺延5分钟。竞买人的出价时间以进入网络司法拍卖平台服务系统的时间为准。

(三)优先购买权人竞拍

优先购买权人参与竞买的，可以与其他竞买人以相同的价格出价，没有更高出价的，拍卖财产由优先购买权人竞得。顺序不同的优先购买权人以相同价格出价的，拍卖财产由顺序在先的优先购买权人竞得。顺序相同的优先购买权人以相同价格出价的，拍卖财产由出价在先的优先购买权人竞得。

第四节　动产的交付

司法拍卖中，交付是买受人取得拍卖资产的一个重要事项，动产交付包括法律文书的送达和实物资产的交接。司法拍卖成交后，买受人按规定时间付清所有拍卖成交款，此时法院需依法定程序出具成交确认书、民事裁定书等法律文书，并在规定时间内转移拍卖物给买受人。此时法院作为拍卖物的实际控制方，负有履行拍卖物交付的职责。

一、交付拍卖物的时间

古往今来动产买卖讲究“一手交钱，一手交货”的原则，因此价金的交付成为动产交付的前置和必备条件，只有在价金交付完成的前提下才会交付动产，至少也应该是同时进行。出于对原有所有权人利益的保护，世界各国的立法大都采取上述标准，我国也不例外。

根据《拍卖变卖规定》第 27 条的规定，人民法院裁定拍卖成交或者以流拍的财产抵债后，除有依法不能移交的情形外，应当于裁定送达后 15 日内，将拍卖的财产移交买受人或者承受人。被执行人或者第三人占有拍卖财产应当移交而拒不移交的，可以强制执行。实践中买受人交付拍卖价款的期限较短，而法院在拍卖成交后延迟移交拍卖标的物会导致买受人的合法权益受到损害。故基于执行程序中的公平原则，法院的执行部门交付拍卖物的期限理应与买受人交付价款的期限相一致，二者不宜相差太多，以体现执行公正为民的原则。

二、关于司法拍卖成交确认书的法律效力

在司法拍卖活动中，司法拍卖成交确认书作为对拍卖结果的书面记载，是由买受人与执行法院之间签署的拍卖合同的书面证据。《拍卖变卖规定》等司法解释及相关司法拍卖的法律规定均未确定司法拍卖成交确认书的形式，因此，关于司法拍卖成交确认书与拍卖成交裁定书是否存在效力冲突的问题值得思考。

在传统委托拍卖机构的拍卖模式中，拍卖成交确认书是用来约束拍卖机构和拍定人的拍卖合同，“拍卖成交合同是一种书面证明，拍卖机构受委托实施拍卖需要有一个

结果向人民法院交代”。[1] 在法院自行实施的网络司法拍卖过程中,没有委托拍卖机构的参与,拍卖成交确认书的签订并不引发拍卖物的物权转移。若拍卖成交确认书仅确认拍卖成交结果的效力,则与法院随后作出的拍卖成交裁定书存在冲突。[2] 结合《拍卖变卖规定》第 26 条及拍卖成交裁定书的内容可知,拍卖成交裁定书的法律效力是使裁定买受人获得拍卖财产的所有权,即其具有权利表征的法律效果,买受人的所有权是经过执行机关实施的司法拍卖程序而取得的。

三、风险负担的转移

民法上,风险负担转移主要有随所有权转移而转移和随交付而转移两种方式。两种方式在学术上各有理论依据,并且在世界各国的司法实践中均有运用。本书支持风险负担随交付而转移的观点。一方面,买受人承担标的物意外灭失的风险,实际享受标的物利益的却是占有人,这明显违背公平原则;另一方面,要求没有实际占有标的物的买受人承担标的物灭失的风险实在勉为其难,标的物的占有者应该尽到保管标的物的义务。目前,风险负担随交付而

---

① 刘宁元:《中国拍卖法律制度研究》,北京大学出版社 2008 年版,第 272 页。

② 参见吕洁:《论民事执行中的司法拍卖》,苏州大学 2014 年硕士学位论文,第 43 ~44 页。

转移的观点为大多数国家接受。当然,风险负担随交付而转移也并非绝对的,如果买受人或债权人不按时接收标的物,则标的物意外灭失的风险自到期不接收之时起发生转移。

第六章　股权、知识产权的评估拍卖

在社会不断发展的今天，随着人们理财观念的逐步加强，财产的类型日益多样化和复杂化，普通的动产、不动产虽然仍是拍卖品的主流，但在执行案件中也不乏类似于股权、知识产权等财产的出现，同样需要通过拍卖完成财产处置工作。

第一节　股权的评估拍卖

股权的评估拍卖强制执行，是指法院根据债权人的申请，依据已生效的法律文书，按照一定的法律程序，对被执行人所持有的公司股权采取强制性措施，将其股权以强制转让变现的方式实现债务偿还。从一定程度上讲，股权强制执行是股权转让的一种方式，只是这种转让并不属于转让方的自愿交易行为，而是基于国家强制力下的“被迫转让行为”。

一、处置股权的原则

由于股权的处置牵扯到股东、债权人、债务人、公司等多方利益主体，因此股权强制执行应遵循一定的原则，具体包括以下几个方面。

（一）财产除尽原则

财产除尽原则，是指只有当被执行人无其他可执行财产或其他可执行财产不足以清偿其债务时，才能对被执行人所持有的股权采取强制执行措施，否则必须优先执行其他财产。

我国《公司法》第 4 条第 2 款规定："公司股东对公司依法享有资产收益、参与重大决策和选择管理者等权利。"股东权利大体分为自益权和共益权，自益权主要包括出资或股份转让权、股利分配请求权、剩余财产分配请求权等；共益权主要包括表决权、选举和被选举权、知情权、建议和质询权、提案权、召开股东（大）会请求权、诉讼权等。据此股权处置中遵循财产除尽原则主要是出于两个方面的考虑。

一是出于对被执行人合理利益的考虑。"对不同类别的财产实施执行时，应当注意执行顺序的合理性，尽量减少执行给债务人带来的震荡。"[①]有时候财产的价值可能远超

---

① 谭秋桂：《民事执行法学》，北京大学出版社 2005 年版，第 56 页。

于债务数额,此时强制执行股权反而不利于被执行人的权益保护,而是应以股权收益进行清偿。

二是出于利益均衡的考虑。股权的处置涉及公司和其他股东,股权的变化可能会给公司的经营生产带来一定的影响。特别是对于人合性较强的有限责任公司,股东之间往往存在一定的人身信赖关系,股权的处置可能使股东之间的合作关系发生变化,影响公司的稳定,从而间接影响其他股东的权益。

《最高人民法院关于冻结、拍卖上市公司国有股和社会法人股若干问题的规定》中就体现了财产除尽原则,其中第4条第1款规定:“人民法院在审理案件过程中,股权持有人或者所有权人作为债务人,如有偿还能力的,人民法院一般不应对其股权采取冻结保全措施。”第8条第1款规定:“人民法院采取强制执行措施时,如果股权持有人或者所有权人在限期内提供了方便执行的其他财产,应当首先执行其他财产。其他财产不足以清偿债务的,方可执行股权。”

(二)优先受让原则

优先受让原则,是指在进行股权处置时,应保证其他股东的优先购买权。优先受让原则主要针对的是有限责任公司的股权处置。股权作为独立的民事权利,具有目的权利和手段权利有机结合、团体权利和个人权利辩证统一的特征，兼具请求权和支配权的属性，具有资本性和流动性。[①]因而股权强制执行实际上为股权的强制转让。

由于有限责任公司的人合性较强，故而有限责任公司的股权在对外转让时受到的限制更多，在强制执行时，仍需尊重有限责任公司的性质及股东的优先认购权。我国《公司法》第 84 条第 2 款规定："股东向股东以外的人转让股权的，应当将股权转让的数量、价格、支付方式和期限等事项书面通知其他股东，其他股东在同等条件下有优先购买权。股东自接到书面通知之日起三十日内未答复的，视为放弃优先购买权。两个以上股东行使优先购买权的，协商确定各自的购买比例；协商不成的，按照转让时各自的出资比例行使优先购买权。"《公司法》第 85 条规定："人民法院依照法律规定的强制执行程序转让股东的股权时，应当通知公司及全体股东，其他股东在同等条件下有优先购买权。其他股东自人民法院通知之日起满二十日不行使优先购买权的，视为放弃优先购买权。"

尽管《公司法》中并未对股份有限公司股份的对外转让进行明文限制，但依据《公司法》第 157 条之规定，公司章程可对股份有限公司的股份转让进行限制，在公司章程

---

① 参见赵旭东主编：《公司法学》（第 4 版），高等教育出版社 2015 年版，第 244 页。

对股东优先认购权进行约定的情况下，从意思自治的理念考虑，只要这种约定没有违反法律的禁止性规定，就应当承认其约定内容的有效性，故在进行股份强制执行时，优先受让给其他股东。

（三）资本维持原则

资本维持原则，是指股权的强制执行不得影响公司资本和总股本的变化，从而影响公司的正常经营运转。资本维持原则本属于公司资本制度的三大原则之一。资本维持原则是为了公司在存续期内保持与资本额相当的财产，保护公司债权人的利益，确保公司本身业务活动的正常开展。资本维持原则要求股权的处置一般不得采取股东撤资的方式实现。其与公司的注册资本制度息息相关，在《公司法》中主要体现在股东不得抽逃出资、利润弥补亏损前不得分配等方面。尽管我国公司注册资本制度实行的资本认缴制，但其并不影响资本维持原则。实缴制与认缴制属于公司资本形成的方式，在公司成立时公司资本数额便已确定，只是在股东采用认缴制时不需要一次性缴足资本，从而避免资金闲置，提高资金使用效率。且在新修订的《公司法》中进一步完善了公司的资本制度，引入了限期认缴制度，通过“五年缴足期”等措施规定，增强了公司资本的真实性和稳定性，进一步强化了资本维持原则。而在强制执行程序中，资本维持原则要求股权的处置一般不得采取股东撤资的方式实现。因此，如果在强制执行过程中，发现尚未足额缴纳出资，可以要求受让股东补足出资，并基于对股权的执行而将受让股东个人财产纳入执行范畴。

（四）财产区分原则

股权处置过程中，需要区分被执行人（股东）的个人财产和公司财产。股权是一种独立的民事权利，股东出资后丧失财产的所有权而取得股权，公司作为独立的法人因获得出资而形成公司财产。股东持有股权并不代表股东直接享有公司财产，股东仅是通过持有股权享有公司的经营收益，公司财产既不属于单个股东的财产，也不属于股东的共有财产。公司财产只能由公司行使财产支配权。从一定程度上看，股东享有股权但不享有公司财产的所有权，股东个人的债务不属于公司的债务，因此，股东的债务只能由股东的个人财产进行清偿，公司不对股东的债务承担责任。

二、股权的查封、冻结

（一）有限责任公司股东股权的查封、冻结

《执行工作规定（试行）》第 38 条规定，对被执行人在有限责任公司、其他法人企业中的投资权益或股权，人民法院可以采取冻结措施。冻结投资权益或股权的，应当通知有关企业不得办理被冻结投资权益或股权的转移手续，不得向被执行人支付股息或红利。被冻结的投资权益或股权,被执行人不得自行转让。按照上述规定,法院冻结股权只需要通知股权所在企业即可。但是《查封规定》第 9 条第 2 款规定,查封、扣押、冻结已登记的不动产、特定动产及其他财产权,应当通知有关登记机关办理登记手续。未办理登记手续的,不得对抗其他已经办理了登记手续的查封、扣押、冻结行为。因此,冻结股权不仅要将协助执行通知书和裁定送达相关企业,还应向工商部门送达,并办理查封登记手续。

2014 年 10 月 10 日,最高人民法院与国家工商行政管理总局(已撤销)联合发布了《关于加强信息合作规范执行与协助执行的通知》,拟建立股权的网络执行查控系统,同时增加了通过企业信用信息公示系统进行公示的执行方法,即对于冻结被执行人的股权、其他投资权益可以要求工商部门协助公示。该通知第 12 条第 2 款还明确规定了冻结的法律效果:“有限责任公司股东的股权被冻结期间,工商行政管理机关不予办理该股东的变更登记、该股东向公司其他股东转让股权被冻结部分的公司章程备案,以及被冻结部分股权的出质登记。”因此,在此后的股权执行中,法院应制作协助公示通知书和协助公示执行信息需求书送达工商部门,利用企业信用信息公示系统进行股权冻结的公示。

（二）股份有限公司股权、上市公司股票的查封、冻结

股份有限公司的股份采取股票的形式。股票是公司签发的名称及其出资额的登记。因此，对股份有限公司股权的执行实际上就是对其股票的执行。对上市公司的股票的查封，应区别流通股和非流通股。对流通股的查封冻结，应按照《最高人民法院、最高人民检察院、公安部、中国证券监督管理委员会关于查询、冻结、扣划证券和证券交易结算资金有关问题的通知》（以下简称《查冻扣证券规定》）的规定，在证券登记结算机构或者证券公司办理。较为灵活的操作方式是查封股票持有人的资金账户，这样操作既不影响股票持有人对相关股票的买入卖出，又限制了其转移股票买卖所得资金。对非流通股的查封冻结，则应当在证券登记结算机构进行查封登记。此外，2008 年施行的《查冻扣证券规定》第 12 条规定："冻结证券的期限不得超过二年，冻结交易结算资金的期限不得超过六个月。需要延长冻结期限的，应当在冻结期限届满前办理续行冻结手续，每次续行冻结的期限不得超过前款规定的期限。"实际上是将冻结证券比照冻结其他财产权的规定，而冻结交易结算资金则比照冻结银行存款的规定。由于《查封规定》对其他财产权和银行存款的冻结时间进行了修正，冻结其他财产权的期限为三年，冻结银行存款的期限为一年，因此，司法实践中，比照冻结其他财产权及银行存款的规定，目前，

冻结证券的期限为三年,冻结交易结算资金的期限为一年。

三、股权价值的确定

股权价值的确定是股权处置过程中的核心问题。不同类型的公司,其股权评估方式略有不同。上市公司由于流动性较强,其股份价值可参考二级市场价格确定。非上市股份有限公司股份和有限责任公司股权的价值应由第三方的资产评估公司评估确定。

(一)股权价值确定的方式

1. 评估公司评估定价

法院应当在法律规定的期限内依法委托资产评估机构评估有关股权的价值。股权执行中一个极为重要的环节就是对股权的作价进行评估,这也是进行股权转让和拍卖的前提和基础,股权的价值并非一直保持平稳不变,由于公司的经营状况时常有所波动起伏,因此在经过一段时间的经营以后,股权价值和原来的出资额并不等价,此时如果仍以原有的股权转让价格作为现有的股权价值是不合理的,故十分有必要对股权进行重新评估定价。当前我国法律并未对转让股权的作价进行详细明确的规定,而股权的出资方式也呈现出多样性的特征,包括现金、实物以及无形资产投资等,情况十分复杂,因此法院可以聘请具有丰富评估经验的专业机构依据公司当前的资产状况及经营状况,评估拟转让的股权价格，并依据此价格先由公司内部对股权自行协商处理，避免股权被被执行人恶意低价处分，从而导致债权人利益被损害的现象发生。

2. 当事人协商定价

现在全国各地都成立了资产评估公司，人民法院也有自身相对独立的第三方资产评估公司权威目录，所以股权评估可以通过委托第三方完成。由于有限责任公司的股权流动性较差，市场评价体系也不够公开透明，而股价又受制于诸多因素影响，起伏不定，因此确定股权价格的方式也呈现出多样化的态势。诸多方法并无统一的价值衡量标准，导致通过不同方法评估确定的价格也有所不同。当事人出于对自身利益最大化的考虑，对股权价值的评估方法难以形成统一的意见，此时通过当事人对股权的价值评估进行协商定价可以实现双方利益的平衡，实现公平公正的价值目标。

对于上市的股份有限公司而言，对其股权的价值确认一般并不复杂，只需要通过在二级市场确认价格即可，在股权强制执行中，也可以将此作为评估股权价值的依据。对有限责任公司和其他非上市的股份公司股权的价值评估，可以分为两个步骤：首先可以由申请执行人即债权人和被执行人自行协商确认股权的实际价格，双方如果达成一致意见，则认定股权的价格为该确认价格。在双方难以通过协调就股权的评估方法或股权的确定价格达成统一意见时,则需要通过双方一致认可或者法院委托的第三方资产评估机构对股权的实际价格进行确认。

3. 合议庭确定价格

由合议庭确定拍卖的价格应当作为确认股权拍卖价格的兜底条款,其他股权定价方式皆无法适用时,可由合议庭对股权拍卖的底价进行确定,由于合议庭对股权的相关执行情况以及双方当事人的情况都有较为深刻的了解,且合议庭能够借助法院自身的资源并结合相关的股权拍卖知识和丰富经验合理地确定股权拍卖价格;合议庭作为中立方也能够公平公正地确认股权拍卖的金额,促使股权拍卖工作顺利开展,因此在其他方式均不能确定股权价格时,可由合议庭确定股权拍卖的底价。

合议庭在确定拍卖底价时,应首先对价格基础进行充分的调查,再结合我国司法解释中对股权的网络拍卖进行适当降价的拍卖规定,借鉴实践中由于起拍价过高而导致流拍的教训,由合议庭成员集体讨论并进行评议,确定拍卖底价的合理金额。根据有关法律规定,如果在征求当事人的意见后,当事人不要求对股权价值进行进一步评估的,人民法院应当准许。当事人如果决定对本次拍卖的股价不再进行评估,合议庭可以要求当事人书面确定并接受合议庭确定的股权拍卖底价金额。

（二）股权评估的障碍

在股权处置过程中，法院委托的资产评估机构针对非上市公司股权或非较大公司股权实施评估时，难度较大。资产评估机构受理申请后，会提出诸多评估条件，如果无法满足会直接书面回复法院“无法评估”。其中主要的障碍主要包括以下几个方面。

1. 股权评估的基础资料难以掌握

对股权价值的客观评估往往需要基于对股权所在公司的会计账目及经营情况的了解和掌握，资产评估机构对相关资料的调取需要股权所在公司及工作人员以及被执行人的配合。但实际情况是大多股权所在公司及被执行人均逃避或不配合调查，被执行人及股权所在公司会以商业秘密、无法查找、人员变更等为由，拒绝提供相关资料，从而导致股权评估工作难以顺利进行。实践中，执行法官要求股权所在公司及被执行人配合提供资料被拒绝后，会采取突击搜查公司，将电脑主机、会计账簿等资料查扣的无奈之举。执行法院的上述查扣行为一般并不是出于评估前准备的需要，而是迫使股权所在公司及被执行人能积极履行债务，所以从执行效果上来说，往往是将强制执行行为引向激烈的对抗。

2. 股权评估方法相对单一

目前，人民法院可以通过委托资产评估公司完成股权评估。但非上市公司缺乏公开的市场评价体系,确定股权价格的方式多种多样,包括明确规定价格、账面价值、一定年限内净利润百分比等,这些方式并无孰优孰劣之分,因此不同股权评估方法得出的股权价值也有所差异。

目前对企业价值评估的基本方法主要有收益法、市场法和成本法。企业价值评估中的收益法,是指将预期收益资本化或者折现,确定评估对象价值的评估方法,收益法常用的具体方法包括股利折现法和现金流量折现法;企业价值评估中的市场法,是指将评估对象与可比上市公司或者可比交易案例进行比较,确定评估对象价值的评估方法;企业价值评估中的成本法,是指在合理评估企业各项资产价值和负债的基础上确定股东权益价值的评估思路,即将构成企业的各种要素资产的评估值加总减去负债评估值求得企业股东权益价值的方法。市场法常用的两种具体方法是上市公司比较法和交易案例比较法。如上所述,选择成本法是基于数据和资料较易于获取,但是实践中恰恰是资料极难以收集;我国目前市场化、信息化程度尚不高,难以收集到足够的同类企业产权交易案例,导致运用市场法评估存在困难。

股权评估是股权拍卖的前提,评估方法的有限导致股权难以评估,执行申请人和被执行人无法对股权执行价格达成一致,人民法院也无法对相关公司及被执行人在股权评估中的不配合行为采取相关措施，从而影响股权变卖的进程。

四、股权变价过程中的特殊问题

（一）有限责任公司股东优先购买权

有限责任公司具备的人合性特征，有关公司的财务和经营状况缺乏公开和透明性，导致对股权有潜在购买意向的人难以掌握公司的真实经营状况，因此他们难以直接做出进行投资的决定。此外，如果对被执行人持有的股权进行强制拍卖转让，极有可能导致公司的持股结构发生重大变化，不仅会对其他股东造成影响，甚至可能影响未来公司的基本发展走向。因此我国《公司法》第 85 条规定，人民法院依照法律规定的强制执行程序转让股东的股权时，应当通知公司及全体股东，其他股东在同等条件下有优先购买权。其他股东自人民法院通知之日起满 20 日不行使优先购买权的，视为放弃优先购买权。法律明确在强制转让股东的股权时，应充分保障其他股东同等条件下所享有的优先购买权，但如何保护，法律的规定较为模糊，因此实践中关于这一问题的争议也颇多。

1. 股东优先购买权中“同等条件”的认定

在股权强制执行中，其他股东行使优先购买权的前提条件是“同等条件”，也就是说公司内部股东与外部买受人在交易条件相同的情况下具有优先购买权,若外部买受人提出的购买条件远远优于内部股东,则可以选择与外部买受人进行交易。因此,确定"同等条件"显得尤为重要。根据《公司法》第84条、最高人民法院发布的《最高人民法院关于适用〈中华人民共和国公司法〉若干问题的规定(四)》中的规定及通常的交易规则,"同等条件"的内涵应包括股权的数量、价格、支付方式及期限等因素。

2. 保障优先购买权的程序要求

第一,进行司法拍卖前的有关通知。在司法拍卖前,对具备优先购买权的相关股东,应给予其专门通知,以确保当事方能够准时参与拍卖。按照《公司法》第85条的规定,法院在强制性执行股权时理应及时通知有关公司及其所有股东,对于法院通知之后满20日没有主张行使优先购买权的其他股东,则视为自动放弃。换句话说,考虑到要充分保障其他相关股东的优先购买权,除及时通知其他有关股东行使优先购买权之外,法院还应在执行股权时给予其他相关股东20日的行使优先购买权的期限。根据《拍卖变卖规定》第11条,除及时通知其他有关股东行使相关的优先购买权之外,法院还应当在拍卖5日前以书面或其他能够确认收悉的适当方式,通知其他股东于拍卖日到场。

第二,在拍卖公告中充分披露。为了均衡享有优先购买权的其他股东和其他竞买人之间的关系,使其他竞买人在竞买前能够有合理的预期，有关执行机关应当在拍卖公告中充分披露优先购买权，并告知在相同的条件之下，优先购买方具备优先购买权。

第三，司法拍卖时的保护。《拍卖变卖规定》第 13 条第 1 款规定："拍卖过程中，有最高应价时，优先购买权人可以表示以该最高价买受，如无更高应价，则拍归优先购买权人；如有更高应价，而优先购买权人不作表示的，则拍归该应价最高的竞买人。"

第四，权利竞合的处理。若多个股东均表示接受，可以在相关股东的范围内再一次进行竞价拍卖，由出价最高的一方买受股权；若无更高出价，就采用抽签的方式决定最终的买受人。若多个股东都表示愿意共同购买，相关执行机关应在符合拍卖公告的情况下给予允许的可能。若多个股东愿意通过协商确定买受人，有关执行机关可以允许协商选定买受人。有一点需要注意，选定买受人应在拍卖程序执行中完成，且需要在选定之后由相关的拍卖机构现场宣布拍卖成交；若多个股东最终都没能选定买受人，那么可以在有关股东的范围内再次进行竞价拍卖。

（二）上市公司股票变价

上市公司股票按照其在流通性方面的不同，可以被划分为不同类型。股权分置改革之前，上市公司股票分为流通股和非流通股，非流通股主要包括国有股和社会法人股，流通股被称为社会公众股。完成股权分置改革以及新老划断后新挂牌的上市公司股票,不再区分非流通股和流通股。由于法律规定或者监管等原因,流通股可能会有限售的要求。据此,流通股被区分为非限售流通股和限售流通股。

1. 非限售流通股的变价

人民法院将流通股变价时,要通过司法强制变现的方式将股票扣划至委托的证券公司营业部(券商),然后由其在二级市场减持,回笼资金交由人民法院发还处置,这是目前普遍的做法。在此过程中,会产生多个执行风险。

首先,股票的价格如何确定?股票在交易时间的价格随时波动,必将造成司法划转时的价格与最终成交价格的差异,当事人对此提出异议应怎样处理?其次,如果被执行人持有的股票数量巨大,在二级市场减持期间,其每日的交易量必将受到股票交易限额限制,因此二级市场减持不可能在最短的时间内完成,券商每日的交易过程人民法院如何监管?最后,交易资金如果不能及时回笼,必将产生新的追索程序,不能使执行案件快捷、高效地得以执行,不符合最高人民法院的相关司法理念。因此,大额股票执行进行大宗交易应该是很好的选择。

所谓"大宗交易",是指单笔交易额达到一定标准时可以采取的交易方式,具体包括买卖双方协议以及收市后撮合,可以有效避免因大量抛售而造成的股价急剧下跌。有些地方法院对此作出了更细致的规定。比如《北京市法院执行工作规范》(2013 年修订)第 388 条规定,对流通股变卖时,可以采用大宗交易方式;大宗交易的变卖价格由人民法院参照市场价格予以监控。

2. 限售流通股的拍卖

限售流通股是已经发行和上市的股票,在一定期限内或一定条件下禁止进行转让。限售的原因包括法律规定、监管要求或公开承诺等,具体包括:公司发起人、董事、监事、高级管理人员所持该公司的股票;股权分置改革后原非流通股;基于控股股东或实际控制人承诺的限售股;因定向增发或收购的限售股等不同情况。

在最高人民法院的司法解释层面,目前尚没有专门针对限售流通股强制执行的规定。关于限售的法律性质,以及对限售股的强制拍卖可能引起的司法权介入和行政监管之间的冲突平衡问题;从实务操作层面看,对限售股通过司法划转或拍卖方式进行过户是实践中已有共识且普遍的做法。具体的理由可以参照《最高人民法院执行办公室关于执行股份有限公司发起人股份问题的复函》。最高人民法院的该复函虽然并非司法解释,但体现了法院在执行过程中涉及限售问题时的基本态度,即限售并不阻碍执行。司法实践中,对限售流通股进行司法划转或拍卖的案例很多,都涉及对被执行人持有的限售流通股的执行,具体的方式有先司法划转,然后待限售期满后在二级市场进行抛售,更多的则通过司法拍卖方式处置。

第二节 知识产权的评估拍卖

知识产权的范围广泛,它主要包含著作权、商标权及专利权。随着市场经济的不断深入发展,知识产权所发挥的作用越来越大,同时,它作为财产的一种,在进行强制拍卖时涉及的比例也在不断增大。由于知识产权本身所具有的特性,在进行强制拍卖时会遇到一些问题,所以需要健全某些特别的制度。

一、知识产权评估拍卖的正当性

知识产权包含人身权和财产权,其中财产权能够用于清偿债务,因此它可以成为被强制执行的对象。[①] 知识产权的财产性主要基于以下两方面:第一,知识产权不可量产,属于稀缺性资源。虽然一项知识产权可以"复制"无数含有该项知识产权的产品,但任何一项知识产权都是独一无二的,知识产权资源极其有限。第二,知识产权在运用过程中,能够创造比自身价值更大的价值,是经济学上"价

① 参见谭兵、李浩主编:《民事诉讼法学》,法律出版社 2009 年版,第 493 页。

值”和“剩余价值”的源泉。根本原因就在于,知识产权的运用过程是知识武装生产力的过程,不仅对生产者的知识素养提出更高要求,进而充分调动生产者的积极性、主动性和创造性,而且也能够用科技成果“武装”生产工具、劳动对象等其他生产要素,极大地提高生产效率。

二、知识产权评估拍卖的特殊问题

(一)知识产权的价值评估特殊

知识产权作为市场上较难确定具体价格的某种财产,在对其进行价值评估时,相对于其他的财产更为困难。例如专利权,因为将其转化成利润的周期较长,而且存在市场风险影响的可能性,从发出拍卖公告到执行拍卖程序之间的时间不长,需要竞买方对标的情况有充分的了解,这样才可以进行准确的风险评估和价值判断,所以下决心参与竞买程序难度很大。从目前我国的市场条件和环境来看,即使是专业的评估机构,也难以作出非常准确的评估。所以,拍卖知识产权理应与拍卖一般性的财产予以区别对待。另外,必须向竞买方提供比较完整的评估报告和相关技术资料,也可请求有关权利人进行讲解。相应地,在立法方面,需要对其预先规定较长时间的公告期,使竞买方有充分的时间进行考察。

（二）知识产权的相关期限特殊

我国对知识产权予以保护的期限是有一定限制的，标的不同会有不同的细化规定。比如，著作权中的财产权，著作的作者可以是公民个人或者法人甚至是某些非法人单位，实用新型、外观设计专利、发明专利、注册商标等都有具体规定。如果超过相应的保护期限，那么知识产权便进入公有领域，这也意味着该知识产权就不再享有获得相关报酬的权利。所以，对知识产权进行司法拍卖时，应当注意此项知识产权是否尚在保护期限中。

第三编

评估、拍卖疑难问题研究

第七章　司法拍卖中的瑕疵担保责任

第一节　瑕疵担保责任的一般理论

按照一般的民法理论，瑕疵担保责任包括物的瑕疵担保责任和权利瑕疵担保责任。物的瑕疵担保责任，是指出卖人就出卖物具备约定或者法定品质，对买受人所负的担保责任；也就是出卖人需要保证标的物转移于买受人之后，不存在品质或者使用价值降低，效用减弱的瑕疵。

物的瑕疵的救济方式包括买受人可以请求减少价款，也可以要求更换、修理，或者自行进行修理，费用由出卖人承担。

权利的瑕疵担保责任，指的是出卖人就出卖标的物不存在未告知权利负担，且担保不受他人追夺的义务。标的物的权利瑕疵，具体表现为出卖人未告知出卖标的物负担了第三人的权利，或者出卖人未告知自身对标的物是无权处分的情况。同时，根据法学理论和《民法典》的相关规定,权利瑕疵必须存在于买卖合同成立之前,且在买卖合同成立之后并未消除,买受人不知道权利瑕疵的存在,否则,出卖人不承担瑕疵担保责任。权利瑕疵的救济方式包括:标的物存在权利瑕疵时,买受人可以要求出卖人去除权利负担;交易标的物因存在权利瑕疵被追夺时,导致标的物的一部分或者全部不能转移给买受人时,出卖人应当承担损害赔偿责任。

司法拍卖中的大多数标的物,在进行司法拍卖前已经被正常使用了,其存在物的瑕疵或者权利瑕疵的可能性。探讨司法拍卖中的瑕疵担保责任,必须先对司法拍卖的性质有充分地了解。

第二节　司法拍卖的性质

根据拍卖人或者拍卖程序的不同,拍卖可以分为强制拍卖和任意拍卖,强制拍卖由国家机关依照《刑事诉讼法》《民事诉讼法》《行政强制法》等法律规定实施,属于公法上的拍卖;任意拍卖由民事主体依照拍卖法的规定进行,属于私法上的拍卖,其法律性质为私法上的一类特种买卖。法院在强制执行程序中实施的司法拍卖,为强制拍卖,即公法上的拍卖。

一、理论上关于司法拍卖性质的争议

司法拍卖的性质直接关系到司法拍卖中瑕疵担保责任的负担，因此对该问题的厘清，有助于后续更好地设计制度、解决实践问题。司法拍卖既具有任意拍卖的特征，如由市场主导，同时拍卖过程又体现出国家强制力的特征，如此复杂而多样的性质特点使理论界对司法拍卖的性质看法不一。本书第一部分中，已经对司法拍卖的性质进行了详细的论述，因此，在这个章节部分，笔者主要进行简单论述。

当前，司法拍卖的性质在理论上主要有公法说、司法说和折中说三种学说。三种学说最主要的差异就在于，公法说认为司法拍卖是不平等主体之间的法律关系，出卖人是国家，买受人是普通的民事主体，买受人基于原始取得获得拍卖标的物的所有权，而不是继受取得。私法说认为司法拍卖为平等主体之间的民事行为，拍卖公告为要约邀请，应买为要约，拍定则为承诺，实际上是一种私法上的买卖行为。[①] 折中说则认为司法拍卖具有公法处分和私法买卖的双重性质，支持这种学说的学者，一般主张对司法拍卖的性质进行分段分析，首先，强制拍卖中执行机关不顾债务人的意思而将拍卖物的所有权转移于第三人，从这个角度看，拍

---

① 参见乔宇：《论强制拍卖中的瑕疵担保》，载《法律适用》2016 年第 10 期。

卖具有公法处分的性质；其次，根据拍卖结果将债务人所有的拍卖物转移给买受人及买受人相应地支付价金，从这个角度看，拍卖又具有私法买卖的性质。[①]

二、我国司法拍卖的性质

具体研究我国司法拍卖的性质，除了充分了解理论上的学说争议之外，还需要考察实践中的司法拍卖的具体规定，从具体规定中了解理论倾向。但纵观三种学说，无论是理论研究还是司法实践中，公法说都更具有说服力。私法说的最大不足在于不能解释公法拍卖与司法拍卖在效果上的不同，不能解释执行机构的强制力在司法拍卖中的体现。折中说虽然对司法拍卖进行了分段论述，在一定程度上弥补了私法说的不足，但是对哪些行为属于公法行为，哪些行为属于私法行为语焉不详。

（一）司法拍卖规定中的公法倾向

关于司法拍卖的法律规定，主要集中于《拍卖变卖规定》和《网拍规定》，这两个规定都体现了公法倾向。首先是在《拍卖变卖规定》第 12 条第 2 款规定，债务人具备竞买人资格条件，可以参加司法拍卖竞买。但私法说认为债

---

① 参见郑金雄：《执行拍卖之法理研究》，载《法律适用（国家法官学院学报）》2002 年第 2 期。

权人与债务人之间是买卖关系，买卖关系必须因出卖人与买受人的意思表示一致而成立买卖契，所以债务人由于处于出卖人地位而不能参加竞买。但《拍卖变卖规定》中规定的竞买人主体中包括债务人，说明最高人民法院认为司法拍卖属于公法行为，出卖人是执行机关而不是债务人，执行机关根据国家权力取得执行财产的处分权，处于出卖人地位。而《拍卖变卖规定》第 26 条规定，不动产所有权自拍卖成交或抵债裁定送达拍定人或承受人之日起转移，进一步表明司法拍卖的出卖人是执行机构，而非债务人。2016 年出台的《网拍规定》第 22 条第 2 款再次规定拍卖财产所有权自拍卖成交裁定送达买受人时转移。从《拍卖变卖规定》和《网拍规定》对拍卖效力的规定看，司法拍卖不同于私法层面的拍卖，在拍卖主体和效力上都具有公法行为属性，强调司法拍卖的公信力、买受人的安定性及法院的权威性。

（二）司法拍卖的公法属性分析

我国强制执行法理论和实务界的主流观点均认为司法拍卖在性质上属于公法行为，在法律效果上也区别于私法拍卖。

首先，司法拍卖是由执行机关组织进行的，具有明显的强制性。从目前的司法实践来看，司法拍卖属于强制执行措施的一种，人民法院是法定的民事执行机关，只有人民法院才有权采取强制性的执行措施，也即通过拍卖方式，将被拍卖财产的所有权不经被执行人同意即予以强制转移，买受人原始取得拍卖财产的所有权。其他参与主体是在法院的委托下从事具体工作，并不能改变整个行为的法律属性。

其次，司法拍卖需要遵循严格的法定程序。在司法拍卖过程中，程序是司法拍卖公法性的保障。在司法拍卖中，法院必须严格依法定程序，拍卖才具有合法性，并产生强制执行效果。司法拍卖在市场化手段的运行过程中，虽然需要遵守一些私法的规定，但是其目的是更好地实现公法上的目标，所以私法上的手段，不能改变或影响司法拍卖公法属性这个内核，对司法拍卖效力等核心问题没有实质影响。

再次，司法拍卖受到民事诉讼法和最高人民法院关于司法拍卖的司法解释的调整，适用的法律在性质上属于公法范畴，而私法属性的拍卖受到《民法典》等相关法律法规的调整，司法拍卖的公法属性也体现在法律适用上。

此外，从法律效果看，司法拍卖产生买受人原始取得拍卖财产的法律效果，买受人丧失拍卖物瑕疵担保请求权；私法属性的拍卖产生买受人继受取得的法律效果，买受人拥有瑕疵担保请求权。

最后，从主体法律关系上，司法拍卖是不平等主体之间的买卖行为，是一种法院运用市场化手段的公法处分行为，以送达拍卖成交裁定的方式确认拍卖成交；而私法属性的拍卖是平等主体之间的买卖行为，以拍卖成交合同确定双方的权利义务。所以，从本质上看，民事执行权的公法性质决定了司法拍卖的公法性质，变价方式的市场化并不能改变民事执行权的权力性质。司法拍卖的公法属性是司法拍卖制度研究的理论基石。

第三节　公法性质下司法拍卖瑕疵担保责任的免除

任意拍卖中，买受人享有瑕疵担保责任。司法拍卖中，基于对司法拍卖属性的不同观点，立场也会发生变化，公法说属性下，买受人并不享有瑕疵担保责任请求权，司法说属性下，则买受人享有瑕疵担保请求权。

一、司法拍卖瑕疵担保责任免除的条件

根据《网拍规定》第 15 条的相关规定，司法拍卖瑕疵担保责任的免除并不是无条件的，人民法院必须按照《网拍规定》第 13 条和第 14 条予以公示和特别提示，且在拍卖公告中声明不能保证拍卖财产的真伪或者品质的，不承担瑕疵担保责任。

（一）公示和特别提示

拍卖的标的物往往是查封或者扣押的被执行人的动产

或者不动产，大都经过长时间的居住或者使用，拍卖标的物存在瑕疵是不可避免的。因此按照《网拍规定》的精神要义，执行法院将拍卖标的物上存在的瑕疵如实公示，使竞买人能够知晓并在参与竞买时，充分考虑这些瑕疵，就视为履行了公示和特别提示义务。如果由于客观原因造成的公示信息失实，比如当时的技术水平不能或者难以发现，则不能要求执行法院承担不利的法律后果。

（二）声明

人民法院在拍卖公告中声明不能保证拍卖财产的真伪或者品质的，不承担瑕疵担保责任，其具体的内涵为：人民法院应当将无法确知拍卖标的物是否存在瑕疵的状况，在拍卖前做出声明，声明之后，将相应的判断和决定权留给竞买人，一旦竞买人决定竞买并最终拍下标的物，即使存在未告知的瑕疵，人民法院也不承担瑕疵担保责任。这样规定，主要是为了避免司法拍卖始终处于随时可能受到瑕疵担保责任威胁的情况，一旦这种情况出现，必然影响人民法院司法拍卖工作的正常进行。

（三）完善救济措施

尽管《网拍规定》第 15 条对法院瑕疵担保责任的免除作出了相应规定，但这只是问题的一个方面。为了保障司法拍卖工作的顺利进行，切实维护当事人的合法权益，有必要制定完善的救济措施。在制定救济措施时需要法院承担主体责任。一方面，尽管法院在不动产司法拍卖中不必承担瑕疵担保责任，但如果由于法院的失职，未充分尽到调查告知的义务，使买受人基于错误的信息参与拍卖，导致合法利益受到损害，法院应当承担损害赔偿责任；另一方面，除了事先防范风险外，还要构建事后救济制度。如果拍卖公告发布的内容与法律法规相违背，导致执行不能的，致使买受人的权益受到损害，买受人可以直接向法院提出国家赔偿；如果由于不可抗力和其他原因损害了买受人的合法权益，买受人可另行向法院提起民事诉讼，主张侵权赔偿。同时，法院如果在不动产司法拍卖过程中发现其他可能损害买受人合法权益的情形，应当立即制止，并马上采取补救措施，避免买受人和其他利害关系人的合法权益受损。

二、物的瑕疵担保责任的免除

司法拍卖中，买受人是否享有瑕疵担保请求权，从域外的立法来看，德国、法国、日本等发达国家基本上都持否认态度。这些立法实践为我国司法拍卖中物的瑕疵担保责任的免除提供了借鉴。

实践中司法拍卖物的瑕疵担保责任的免除主要基于以下考量。一是司法拍卖是公法性质的拍卖，其是为了实现申请执行人的债权而对被执行人的财产实施的国家强制措施，其本身是违反被执行人意愿的强制拍卖，申请人也并非拍卖标的物的所有权人,对拍卖标的物的性质、状况等了解较少,因此,由买受人自担风险,能够确保司法拍卖的安定性和实效性;二是《拍卖变卖规定》和《网拍规定》对司法拍卖的程序作出了详尽的规定,人民法院在拍卖之前对相关的财产信息进行了公示,竞买人也可以申请进行实地看样,查阅拍品材料等,通过这种方式,买受人有机会发现拍卖标的物的瑕疵,并仔细考量,是否参与竞买,因此,其最后决定竞拍,就需要自担风险;三是如果在司法拍卖中允许买受人行使瑕疵担保请求权,必然会出现拍卖成交后,买受人请求减少拍卖价款、赔偿损失等纠纷,这些纠纷必然使执行程序无法进行下去,而这些纠纷本身也无法在执行程序中得到圆满解决。因此,为了保证拍卖结果的确定性,只要执行法院依照《网拍规定》的相关规定,对拍卖的标的物进行公示和特别提示,并做出声明,就可以免除物的瑕疵担保责任。

三、权利的瑕疵担保责任的免除

我国对司法拍卖的法律属性持公法说的观点,买受人依据执行法院的公权力原始取得拍卖标的物,与他人的权利无关,所以,拍卖标的物上的权利负担,也因为拍卖成交而消失,买受人不承担原有的权利负担。但其中涉及的一个问题,就是对拍卖标的物上原有的权利负担该如何处理。

(一)涂销主义和承受主义

拍卖标的物上的权利负担,包括担保物权,如抵押权、质权、留置权等,用益物权、租赁权、建设工程价款优先受偿权,以及其他法律法规规定的优先权等各项权利。考察其他国家和地区的做法,对拍卖标的物上原有的权利负担,存在两种处理方式,一种是涂销主义,采用这种处理方式的就是将拍卖标的物上原有的权利负担通过拍卖消灭,买受人或者接受拍卖物抵债的债权人取得无任何权利负担的财产;另一种是承受主义,即拍卖标的物上原有的权利负担不因为拍卖而消灭,在拍卖成交后继续存在于拍卖财产上,由买受人或者接受拍卖物抵债的债权人承担。

(二)我国对标的物权利负担的处理方式

从目前的司法实践看,我国对不同的权利负担采取了不同的处理方式。

1. 担保物权和其他有限受偿权

对于拍卖标的物上的担保物权和其他优先受偿权,我国采取涂销主义。即担保物权或者优先受偿权因拍卖标的物拍卖成交而消灭,但此处的消灭并非债权本身消灭,而是债权受偿导致担保物权或者优先受偿权消灭。对担保物权或者其他优先受偿权采取涂销主义的原因就在于担保物权或者优先受偿权设立的主要目的是使拍卖财产的交换价值优先受偿,至于担保物权人或优先受偿权人是否占有、使用拍卖标的物本身,并不会对权利造成实质性的影响,担保物权人或优先受偿权人可以在拍卖成交后,从拍卖的价款中优先受偿。这种处理方式在我国执行相关的法律法规中都有体现。《拍卖变卖规定》第 28 条规定,拍卖财产上原有的担保物权及其他优先受偿权,因拍卖而消灭,拍卖所得价款,应当优先清偿担保物权人及其他优先受偿权人的债权,但当事人另有约定的除外。《执行工作规定(试行)》第 31 条规定,人民法院对被执行人所有的其他人享有抵押权、质押权或留置权的财产,可以采取查封、扣押措施。财产拍卖、变卖后所得价款,应当在抵押权人、质押权人或留置权人优先受偿后,其余额部分用于清偿申请执行人的债权。

2. 租赁权和其他用益物权

在司法拍卖中,对于拍卖标的物上的租赁权和其他用益物权负担,《拍卖变卖规定》第 28 条第 2 款规定,拍卖财产上原有的租赁权及其他用益物权,不因拍卖而消灭,但该权利继续存在于拍卖财产上,对在先的担保物权或者其他优先受偿权的实现有影响的,人民法院应当依法将其除去后进行拍卖。这表明在我国的司法拍卖制度中,对查封前在拍卖标的物上已经存在的租赁权和用益物权采取的是承受主义的处理方式,这主要是因为租赁权和用益物权主要针对的是标的物的使用价值,租赁权人和用益物权人要想实际享有权利,就必须占有标的物。即已经存在的租赁权和用益物权不受拍卖影响，不因拍卖而消灭。

在实践中的具体做法是：人民法院对于确实需要保留的租赁权和用益物权，应当在拍卖公告和网络司法拍卖平台上披露该权利负担，并说明由买受人继续承受。作为例外，如果租赁权和用益物权继续存在，对于先设定的担保物权或者其他优先受偿权有影响，应当依法去除后再进行拍卖。租赁权和用益物权是否对在先设定的担保物权以及其他优先权产生影响，是一个事实判断问题，但结果并不绝对。实践中，执行法院会根据标的物的实际情况，决定是否去除租赁权。有的法院采用带租赁评估的方式，衡量在后设立的租赁权对在先设立的担保物权或者优先受偿权的实现是否有影响；有的法院会先征询担保物权人或者优先债权人的意见后，再结合案件情况，决定是否带租赁拍卖。在有的执行案件中，有些法院选择带租赁拍卖，既实现了优先受偿权，同时也兼顾了对租赁权的保护。同时，如果确实需要去除租赁权的，执行法院只能去除租赁权，但不宜在执行法律文书中对租赁合同的效力或者是否解除租赁合同做出说明。

第八章　司法拍卖的阻却

第一节　司法拍卖的撤销

撤销是取消之意,法律上的撤销则是针对法律效力而言的,撤销即不发生法律效力。司法拍卖的撤销涉及民法中的撤销权的概念。撤销司法拍卖行为的前提是司法拍卖撤销权的行使。司法拍卖撤销权是民法中的撤销权在民事程序领域的延伸。有学者将司法拍卖撤销定义为:司法拍卖过程中或司法拍卖成交后,拍卖活动的参与人、案外第三人通过申请,或是法院依职权予以撤销经依法审查被认定为违法的拍卖行为结果,这种赋予当事人或第三人的权利就是司法拍卖撤销权。

一、司法拍卖撤销权的界定

(一)司法拍卖撤销权的性质

民事撤销权指的是实体上的撤销权,而司法拍卖的撤销权则是程序上的撤销权，如前文所述，后者是前者在民事执行程序中的延伸。学界对民法上撤销权的性质主要有形成权说、请求权说和折中说三种观点。对司法拍卖撤销权的性质，学界也存在不同的观点。有学者将其定位为形成权，因为司法拍卖撤销权的行使是当事人或利害关系人单方意思表示的结果，无须取得相对人的同意；但也有学者认为司法拍卖撤销权是通过法院异议程序或诉讼程序行使的撤销权，是否发生撤销的效力取决于法院的确认与否，因此，实际上权利人并不能完全依据自身的单方意思表示变更、消灭法律关系，司法拍卖撤销权不应被认定为形成权。本书认为，司法拍卖撤销权虽然通过异议或诉讼的方式行使，但行使撤销权的效力不会因行使方式有所改变，将司法拍卖撤销权认定为形成权，通过行使撤销权，撤销拍卖行为或拍卖结果以恢复拍卖物的所有权，能够保全债务人的责任财产，实现强制执行程序的目的，快速地解决纠纷。[①]

（二）司法拍卖撤销权的法律特征

首先，司法拍卖撤销权是司法拍卖的救济手段之一。司法拍卖撤销权是我国司法拍卖救济制度的重要组成部分，其是通过撤销拍卖行为或拍卖结果的方式实现对瑕疵

① 参见雷云丹：《民事执行中拍卖撤销权研究》，湖南大学2016年硕士学位论文。

拍卖行为的救济,从而保障相关权利人的权益。其次,司法拍卖撤销权的行使是以存在瑕疵司法拍卖行为为前提的。设立司法拍卖撤销权的目的就是通过对执行瑕疵拍卖行为的救济,恢复被执行人的财产,保障相关权利人对被拍卖财产的权益。瑕疵拍卖行为的存在是司法拍卖撤销权行使的前提和条件。最后,司法拍卖撤销权一般是由执行拍卖的当事人或利害关系人向法院申请启动。其行使一般由当事人或利害关系人通过异议或诉讼程序向法院提出撤销的主张,法院进行审查。法院一般不主动行使撤销权。

(三)学界研究司法拍卖撤销权的现状

目前学界对司法拍卖撤销的争议大致体现在三个方面,一是民事执行中拍卖结果是否可以撤销的问题。在司法拍卖的过程中,法院依职权或依申请进行审查,如果是违法的拍卖行为,则可以予以撤销。但是拍卖结果是否可以撤销,存在争议。对司法拍卖持“私法说”或是“折中说”的学者主张,买受人是基于继受取得获得拍卖标的物的所有权的,拍卖物或拍卖程序存在瑕疵的,即使拍卖物的所有权已经转移,也可以撤销拍卖结果。对司法拍卖持“公法说”的学者则认为,买受人是原始取得拍卖物所有权的,无论拍卖物还是拍卖程序是否存在瑕疵,都不影响拍卖的效力,不能撤销拍卖的结果。近年来,出于对各方利益的平衡,也有持“公法说”的学者主张在特定的情形下可以撤销司法拍卖的结果。二是司法拍卖中撤销权行使的具体情形。学者们争议的焦点主要是是否区分无效和可撤销的司法拍卖行为。主张区分的学者认为,对于可撤销的司法拍卖行为,如果当事人或利害关系人不申请,则不影响司法拍卖的效力;主张不区分的学者则认为,无论是无效还是可撤销的司法拍卖行为,其最终的结果都是撤销司法拍卖。本书则主张应当区分可撤销的司法拍卖行为和无效的司法拍卖行为,因为二者在概念、瑕疵事由、产生效力等方面都不相同,本书将在下文进行详细论述。三是司法拍卖撤销行使的程序问题。有学者主张当事人或利害关系人可以自主选择执行程序或是诉讼方式撤销司法拍卖行为。有学者则主张执行程序优先,对执行程序结果不服的才能通过诉讼方式行使撤销权。有学者则主张区分不同性质的纠纷,如果是程序纠纷只能通过执行程序解决,实体纠纷则只能通过诉讼程序解决。

二、司法拍卖撤销权的行使

在准确界定司法拍卖撤销权的基础上,本书将进一步分析可撤销的司法拍卖行为,司法拍卖撤销权行使的前提是存在瑕疵拍卖行为,但并不是所有的瑕疵拍卖行为都是可撤销的,司法拍卖撤销权行使的范围下文会进一步分析。

（一）司法拍卖的效力

执行程序是实现债权债务关系的最后一个环节，拍卖程序是执行程序的一种变价方式。拍卖成交在本质上是私法上的一种契约关系，所以有学者借助民事行为效力划分的理论，将执行行为的效力划分为有效、无效、可撤销等情形，司法拍卖作为一种执行行为，自然在效力上也存在无效、可撤销的情形，但这是基于将司法拍卖定位为“私法说”分析得出的结论。也有学者主张在上述讨论的基础上，结合司法拍卖的“公法性质”，从执行行为的理念出发，划分司法拍卖的效力。参照执行行为效力的划分标准，将司法拍卖的效力划分为有效、可撤销和无效三种类型。本书也认同上述观点，主张将司法拍卖的效力划分为有效的司法拍卖、无效的司法拍卖和可撤销的司法拍卖三种。有效的司法拍卖，指的是拍卖行为完全符合法律规定的构成要件，产生有效的法律后果，实现了司法拍卖的目的。有效的司法拍卖并不意味着司法拍卖毫无瑕疵。只要瑕疵不对司法拍卖的结果产生实质性的影响或是可以通过相关措施进行补救的，就不影响司法拍卖的有效性。无效的司法拍卖，指的是执行机关或相关权利主体的行为违反了法律的强制性规定，导致拍卖程序存在重大瑕疵，致使拍卖目的不能实现，该拍卖也不产生法律上的效力。目前，我国现行的法律法规、司法解释对无效的司法拍卖并未进行明文规定，但我国学术界已经进行了广泛的讨论。可撤销的司法拍卖，指的是司法拍卖违反了法律的任意性规定，但是仍具有执行程序法上的效力，如果相关权利主体想要消灭该拍卖的效力，则需要行使撤销权。司法拍卖被撤销的，自撤销之日起失去法律效力。

（二）司法拍卖无效与可撤销的区别

我国现行的法律和司法解释并未对司法拍卖的效力进行规定和划分，正如前文所述，在司法实践中，各级法院往往把司法拍卖无效或撤销的诉求混为一谈，均通过撤销手段予以解决。但二者是存在明显区别的。首先，司法拍卖的无效与可撤销都是由瑕疵拍卖行为引起的，但是二者在导致拍卖瑕疵的事由上各不相同。如前文所述，无效的司法拍卖是违反强制性规定引起的，而可撤销的司法拍卖则是违反任意性规定引起的，相关的权利主体可以根据自身的意愿决定是否放弃该利益。其次，在效力上，可撤销的司法拍卖是已经发生法律效力，需要通过行使撤销权，使其丧失效力，回复至原有的状态；无效的司法拍卖则是确定、自始不发生效力，不能通过撤销否定其效力。最后，在提起的主体上，对无效的司法拍卖，法院应当根据相关权利主体的请求或者依职权宣告无效；对可撤销的司法拍卖，法院应当尊重相关权利人或利害关系人的意愿，依申请进行审查，而不能依职权审查或者撤销该司法拍卖。

(三)司法拍卖撤销权的具体行使

2015 年最高人民法院出台的《执行异议复议规定》中首次明确司法拍卖的撤销权,该规定的第 21 条明确规定了司法拍卖撤销权行使的主体、撤销程序和撤销的事由等事项。2016 年最高人民法院出台的《网拍规定》则进一步对司法拍卖撤销的相关事项进行了规定;第 31 条进一步规定了司法拍卖撤销权行使的相关事由,第 32 条则是对司法拍卖撤销后的救济进行了相关规定。

《执行异议复议规定》第 21 条及《网拍规定》第 35 条都是通过列举和兜底条款的方式对行使司法拍卖撤销权的情形进行了规定,对两个条款的分析可知,司法拍卖撤销权行使的要件主要包括以下几个方面。

1. 行使司法拍卖撤销权的主体

《执行异议复议规定》及《网拍规定》都将撤销权的主体表述为"当事人和利害关系人",但对利害关系人如何界定,是程序性权利主体还是实体性权利主体,上述条款并未进一步明确。

2. 行使司法拍卖撤销权的事由

通过对上述两个条款列举事项的分析和总结可见,行使司法拍卖撤销权的事由可以概括为两个方面:一方面是严重违反程序;另一方面是损害当事人或利害关系人的权益。但无论是列举还是概括性的规定,只能在一定程度上明晰撤销权行使的范围，不能适应复杂多变的执行实践。

3. 司法拍卖撤销权行使的方式

两个条款都将行使撤销权的方式规定为“通过提出异议请求”的方式，这表明案件的执行法官不能在执行程序中直接对撤销权的事由进行审查，也表明撤销权的行使是由当事人或利害关系主动提起的。

4. 行使司法拍卖撤销权的救济

根据《网拍规定》第32条的相关规定，网络司法拍卖被人民法院撤销，当事人、利害关系人、案外人认为人民法院的拍卖行为违法致使其合法权益遭受损害的，可以依法申请国家赔偿；认为其他主体的行为违法致使其合法权益遭受损害的，可以另行提起诉讼。

（四）司法拍卖撤销权行使存在的问题及对策

1. 司法拍卖撤销权行使的主体不明确

《执行异议复议规定》及《网拍规定》都将撤销权行使的主体表述为“当事人和利害关系人”，但《网拍规定》在规定司法拍卖被撤销后，有权要求救济的主体时，又表述为“当事人、利害关系、案外人”。利害关系人与案外人的定义是什么，关系是什么，法条中并未明确。最高人民法院在答记者问时，曾对利害关系人和案外人进行了区分：利害关系人和案外人都是当事人之外的人，二者在异议基础和目的上截然不同，利害关系人主要针对的是执行行为本身的错误和瑕疵,关乎程序性权利;案外人则是对执行标的主张权利,是实体性的权利主体。[①] 从二者的区分出发,目前我国司法拍卖撤销权的行使主体仅包括当事人和利害关系人,对执行标的主张实体权利的案外人是被排除在外的。撤销权行使主体的限定,也影响了撤销权行使的程序,按照《民事诉讼法》第 236 条和第 238 条的相关规定,当事人和利害关系人只能通过执行异议等程序性方式行使撤销权,而不能通过诉讼方式主张权利。因此,从保护案外人合法权益的角度而言,应当对撤销权的行使主体作延伸解释,扩大司法拍卖撤销权行使主体的范围,将案外人囊括其中,从而加大对执行相关人权益的保护。

2. 司法拍卖撤销权行使的范围不明确

通过对司法拍卖撤销权行使事由的分析与研究可知,目前其行使范围存在的主要问题体现在两个方面:一方面是从上文对司法拍卖的效力分析可知,司法拍卖存在无效和可撤销的区分,二者在概念、效力等方面都不相同,但在列举的司法拍卖撤销权的行使范围中混淆了撤销和无效的情形。依据《民法典》合同法编的相关规定,恶意串通,损害国家、集体和第三人利益的应当属于无效情形,但在《执

---

① 参见 https://www.chinacourt.org/article/subjectdetail/id/MzAwNEg1N4ABAA==.shtml,最后访问时间:2023 年 5 月 28 日。

行异议复议规定》和《网拍规定》中都将其作为可撤销的情形。另一方面,执行实务中,司法拍卖所涉及的问题纷繁复杂,仅依据列举性和概括性的事由,很难对司法拍卖可撤销的情形进行认定。比如,行使司法拍卖撤销权的条件之一是严重违反法定程序,但对“严重”的标准和参照对象,实践中并没有统一的意见。是从当事人或利害关系人的角度进行衡量,还是从法院的角度进行判断,抑或是参照一般人的标准进行认定,实践中众说纷纭。再如,在执行实务中,有的法院将“重大误解”的情形作为司法拍卖撤销权行使的事由,但其并不属于法律明文规定的情形,法院这种认定是否有效尚不明确。

为了进一步明确司法拍卖撤销权行使的范围,便于执行实务的操作与运用,必须明确以下事项:首先是行使司法拍卖撤销权的时间节点。对时间节点的争议主要体现在司法拍卖程序结束之后是否可以行使撤销权。正如前文所述,对司法拍卖的性质持不同观点的学者对这一问题持不同的态度和观点,持“私法说”和“折中说”的学者认为买受人是继受取得拍卖标的物的所有权,在拍卖程序终结后仍可行使撤销权;持“公法说”的学者则认为买受人是原始取得拍卖标的物的所有权,在程序终结后不可行使撤销权。但无论是《执行异议复议规定》还是《网拍规定》都未明确规定行使撤销权的时间,综合考量私人权益保障和司法公信力之间的关系,应当允许司法拍卖结束后行使撤销权,从时间维度上扩大司法拍卖撤销权行使的范围。其次是司法拍卖撤销权行使的范围。拍卖瑕疵是行使撤销权的前提,而拍卖瑕疵本身又有实体瑕疵和程序瑕疵之分,目前,《执行异议复议规定》和《网拍规定》中规定的行使撤销权的情形,涉及的都是违法拍卖程序的情形。实体瑕疵是否可以通过行使撤销权得到救济,其他国家和地区存在不同做法。德国将实体拍卖瑕疵排除在执行瑕疵之外,日本和韩国则允许对实体事项提出执行异议。从保障权利主体实体利益的角度而言,规定对司法拍卖程序瑕疵可以行使撤销权,实际上也是保护程序瑕疵背后所承载的实体利益,因此,应当将实体瑕疵也纳入行使司法拍卖撤销权的范围之中。最后则是要区分司法拍卖的撤销与无效。瑕疵的司法拍卖行为,并一定是无效的,其包括无效和可撤销两种情形,关于这两种情形的区别,前文已经详细论证过,此处不再赘述。

3. 司法拍卖撤销权行使的程序问题

一方面,根据现行法律规定,司法拍卖的撤销权是依据当事人或案外人的申请而启动的,否定了执行法院依职权启动司法拍卖撤销权的可能性。究其原因,撤销权在一定程度上是私人权利,当事人或案外人有自由处分的权利,其未提出异议请求,就视为其放弃权利。但日本和韩国都赋予法院依职权撤销执行处分行为的权利。日本的《民事诉讼法》中规定,执行机关认为执行处分行为违反程序法规定的,可以依职权撤销执行处分行为。韩国在《强制执行法》中规定,在执行行为无效的情形之下,可以依职权撤销执行处分行为。① 本书认为撤销权行使的情形不仅关乎当事人或案外人的权益,某些情形下还涉及公共利益。因此,在瑕疵拍卖行为已经严重损害社会公共利益的情况下,应当赋予法院依职权撤销拍卖行为的权力。另一方面,在司法拍卖撤销权行使的具体程序上,《执行异议复议规定》和《网拍规定》中虽然未作出明确的规定,但依据《民事诉讼法》第 236 条和第 238 条的相关规定,当事人应通过执行异议的方式行使撤销权;案外人则是通过案外人异议、异议之诉启动撤销权。案外人在启动撤销权时,我国采用的是异议前置的模式,即对执行异议程序不服才能启动诉讼程序。此种设计的初衷是执行实务中的异议事项较为复杂,如果一律通过诉讼程序解决,无疑会降低诉讼效率,增加诉累。但以审查程序代替诉讼程序对实体争议进行审查,是违背一般法理的。因此,在案外人行使撤销权的问题上,本书认为应当赋予权利人自由选择的权利。一来,案外人根据自

① 参见江必新主编:《比较强制执行法》,中国法制出版社 2014 年版,第 249 页、第 311 页。

身的优劣情况自由选择通过异议程序还是诉讼程序行使撤销权,体现了对案外人程序选择权的尊重,同时也能增加当事人对异议结果或诉讼结果的信赖度;二来,其符合一般的法理,且能通过设置不同诉讼费用等方式,引导当事人就一般的瑕疵选择异议程序,严重的瑕疵选择诉讼程序。

4. 司法拍卖撤销权行使之后的救济问题

关于司法拍卖撤销权行使之后的救济问题,目前仅在《网拍规定》中作了规定,网络司法拍卖被人民法院撤销,当事人、利害关系人、案外人认为人民法院的拍卖行为违法致使其合法权益遭受损害的,可以依法申请国家赔偿;认为其他主体的行为违法致使其合法权益遭受损害的,可以另行提起诉讼。但仅有上述规定是不够的。本书认为应当从以下方面进行完善:首先是确保有利益受损可能的主体行使撤销权的资格,包括执行程序的当事人、优先权人、买受人、竞买人、案外人等。其可以通过执行异议或执行异议之诉启动对司法拍卖的撤销权,保障自身的合法权益。其次是赋予司法拍卖撤销权行使主体的损害赔偿请求权,该请求权是以侵权为基础,其认为自身合法权益受到侵害,即可提出损害赔偿请求。最后则是在执行法院的瑕疵拍卖行为使撤销权人的权益受损的情况下,撤销权人有权主张国家损害赔偿。

第二节　司法拍卖的暂缓、中止

一、司法拍卖暂缓、中止的界定

司法拍卖的暂缓、中止，指的是在司法拍卖程序开始后、终结前，发生了特定的事由，导致拍卖无法继续进行，待特定事由消失后，拍卖继续进行的情况。司法拍卖的暂缓、中止主要是在《网拍规定》的第 28 条和第 36 条中有所提及。综合分析第 28 条和第 36 条的规定，司法拍卖的暂缓、中止需要满足以下要件：首先是时间要求，司法拍卖的暂缓、中止必须发生在司法拍卖的过程中，即司法拍卖程序已经开始尚未结束。其次是暂缓、中止的事由要求，依据第 28 条的规定，在竞价程序开始后有依法应当暂缓、中止情形的，应当暂缓、中止拍卖，但其并未具体说明或列举相应的情形。根据对执行实务的总结，中止的事由包括以下几种情形：一是发生了紧急情况，如竞价程序开始后发现系统故障、病毒入侵、黑客攻击、数据错误等，致使拍卖程序无法正常进行；二是拍卖标的物存在事实障碍的，如在拍卖程序开始后，发现拍卖标的物有重大瑕疵未告知，需要进行调查核实的；三是拍卖标的物存在法律障碍的，具体包括两种情形，一种是当事人、利害关系人认为网络司法拍卖行为违法侵害其合法权益,提出执行异议的;另一种是案外人对网络司法拍卖的标的提出异议的,人民法院依据《民事诉讼法》第236条及相关司法解释的规定处理;四是执行依据存在障碍,如据以执行的法律文书可能存在错误,需要按照相关的法律程序进行审查和处理的;五是其他情形,如上级法院裁定暂缓或中止执行的。再次是暂缓、中止的主体,人民法院是网络司法拍卖的主体,《网拍规定》第28条和第36条规定,发生应当暂缓、中止拍卖的情形,应由人民法院决定暂缓或者裁定中止拍卖,在具体的操作上人民法院可以自行停止拍卖,也可以通知网络服务提供者停止拍卖。但在紧急情况下存在例外情形,如果网络服务提供者发现系统故障、安全隐患等紧急情况的,可以先行暂缓拍卖,并立即报告人民法院,由人民法院决定暂缓或者裁定中止拍卖。最后是暂缓、中止的方式,人民法院决定暂缓或者中止拍卖的,应当及时在网络司法拍卖平台公告原因或者理由。暂缓拍卖期限届满或者中止拍卖的事由消失后,需要继续拍卖的,应当在5日内恢复拍卖。

二、暂缓、中止拍卖与撤回拍卖的区别

暂缓、中止拍卖是在司法拍卖的过程中发生了特定的事由导致拍卖无法继续进行下去,撤回执行拍卖则一般是因为案件情况发生变化,导致司法拍卖不需要进行或不应

该进行。二者的区别主要体现在事由上：暂缓、中止拍卖的事由，上文已经详细论述过，通过对各省市规定的检索和分析，并结合执行实务的情况，将撤回拍卖的情形归纳为两种，一种是案件已经实际执结，不需要进行拍卖程序，包括申请执行人撤销执行申请，被执行人已经自动履行生效法律文书确定的义务；双方当事人达成和解协议，不需要拍卖财产的；另一种是执行依据已经被撤销，拍卖程序不应该进行的。

第九章　司法拍卖中的悔拍

司法拍卖作为民事执行环节中的重要环节,随着实践的不断发展也在不断革新其形式,显著表现是人民法院依托网络平台自主进行的网络司法拍卖已经成为司法拍卖的主要途径。网络司法拍卖在实现财产快速变现、破解执行难困境方面发挥了重要的作用,但在带来巨大便利的同时,买受人悔拍的现象也时有发生。司法拍卖买受人逾期未支付拍卖价款的,均构成悔拍。悔拍一方面使已经进行的拍卖程序毁于一旦,破坏了拍卖应有的程序安定;另一方面则是严重影响了执行的效率,影响债权人权利的实现,从而影响司法权威和公信力。下文将通过讨论买受人悔拍责任的"边界"以及保证金的适用问题,对司法拍卖中的悔拍现象进行深入研究。

第一节　买受人悔拍责任的边界

一、买受人悔拍的概念

司法拍卖又称民事执行拍卖、强制拍卖，是指法院根据债权人的申请，在民事执行程序中，以公开竞价的方式拍卖债务人的财产，并以所得价金满足债权人之债权的活动。[①]司法拍卖制度从1991年《民事诉讼法》确立开始，至今在我国已经实施了30多年，仍然在不断革新和发展。司法拍卖作为守护社会公平正义的一道防线，对保障债权人胜诉权益及切实解决执行难问题具有重要意义。近年来，随着“互联网+”与“大数据”的广泛运用，我国已步入利用网络开展司法拍卖的新阶段，并逐步成为法院自行拍卖的最为重要的一种形式。根据2017年起施行的《网拍规定》第2条之规定，人民法院以拍卖方式处置财产的，应当采用网络司法拍卖的形式。[②] 同时，《网拍规定》第1条也对网络司法拍卖的含义进行了界定，即人民法院通过互联网拍卖平

① 参见刘学在、牛璐：《不动产司法拍卖与房屋限购政策的冲突及其对策》，载《河南财经政法大学学报》2019年第1期。

② 《网拍规定》第2条规定：“人民法院以拍卖方式处置财产的，应当采取网络司法拍卖方式，但法律、行政法规和司法解释规定必须通过其他途径处置，或者不宜采用网络拍卖方式处置的除外。”

台,以网络电子竞价方式公开处置财产的行为。[①]

在司法拍卖中,拍卖的过程通常分为6个步骤:阅读拍卖公告—了解拍品情况—缴纳保证金—参与拍品的竞拍—出价最高成为买受人,在规定的时间内缴纳剩余的拍卖款—在法院的协助下办理物品的交接工作。也就是说在拍卖的过程中竞买人一旦成为出价最高者,其身份将转变为买受人,就和人民法院产生了明确的权利义务关系,有获得拍卖财产的权利,同时也具有在规定的时间内缴纳余款的义务。受各种因素的影响,网络司法拍卖在带来巨大便利的同时,买受人悔拍的现象较为普遍。"悔拍"一词并非传统法律用语,悔拍的概念在《拍卖变卖规定》第22条中虽有涉及但未有明确表述,《网拍规定》第24条中首次提出了悔拍的概念。从该条规定来看,悔拍是指竞买人以最高价竞拍拍受后,未在拍卖公告确定的付款期限内支付剩余价款,致使本次拍卖目的不能实现的行为。[②] 根据《网拍规定》起草人的解读,买受人没有在规定的期限内支

---

① 《网拍规定》第1条规定:"本规定所称的网络司法拍卖,是指人民法院依法通过互联网拍卖平台,以网络电子竞价方式公开处置财产的行为。"

② 《网拍规定》第24条规定:"拍卖成交后买受人悔拍的,交纳的保证金不予退还,依次用于支付拍卖产生的费用损失、弥补重新拍卖价款低于原拍卖价款的差价、冲抵本案被执行人的债务以及与拍卖财产相关的被执行人的债务。悔拍后重新拍卖的,原买受人不得参加竞买。"

付余款的，即构成悔拍。[①]

二、悔拍的表现形式

司法实践中，根据买受人主观上是故意还是过失，悔拍表现为两种形式。一是恶意竞拍。竞拍者故意扰乱司法秩序，出价明显远高于拍品的实际价格，在拍卖成交后，无法支付高昂的成交价，因而构成悔拍。典型案例为 2017 年南京秦淮法院苹果手机拍卖案。[②] 该案中，拍卖的二手苹果 7 手机的起拍价为 100 元，加价幅度为 50 元，时间自 2017 年 9 月 7 日 10 时起，原定至 2017 年 9 月 8 日 10 时结束，因拍卖过程中不断有人加价，拍卖被延时 377 次，最终于 2017 年 9 月 8 日 12 时 31 分结束。拍卖期间该手机累计加价 708 次，最终车某某以高达 270550 元的拍卖成交价拍得该手机，但随后车某某悔拍，主动到法院明确拒绝按照拍卖成交价付款。可见在恶意竞拍的情形下，竞价过程中恶意竞拍者肆意出价的行为使悔拍注定发生，不仅使拍卖无法一次性成交，降低了执行效率，而且扰乱了司法秩序，使法院陷入规则适用的困境。恶意竞拍行为不仅影响网络司法拍

---

① 参见江必新、刘贵祥主编：《最高人民法院关于人民法院网络司法拍卖若干问题的规定理解与适用》，中国法制出版社 2017 年版，第 333 页。

② 参见人民法院报：《苹果 7 手机网拍出 27 万元天价，南京秦淮法院依法处罚恶作剧者》，http://rmfyb.chinacourt.org/paper/html/2017-09/10/content_130016.htm，2023 年 5 月 15 日访问。

卖的成交率、浪费法院的人力物力，同时还在一定程度上损害了法院作为公权力的信用度。网络司法拍卖的普及和操作流程的简化给恶意竞拍提供了生长的土壤，我国网络司法拍卖还在发展和推广阶段，对恶意竞拍行为的惩治规定还不够完善，导致恶意竞拍案件层出不穷。

二是过失性悔拍。这种情况下买受人有真实购买意愿但出于价格或其他因素拒绝支付尾款。竞拍者确有意愿购入拍品，但因误读拍卖公告、拍品实际情况与拍卖公告之描述不符、网络平台未尽提示义务、出价过程中错误操作导致报价极高等原因，在拍卖成交后不愿付款或无力支付。相对于恶意竞拍，此种类型的悔拍情形占比更大、常有发生，比如因为网络竞拍存在漏洞，在无其他竞拍人应价的情况下，系统迟延导致自己跟自己抬价十几次后又悔拍的。[①]

网络司法拍卖的主体是人民法院，司法拍卖系人民法院行使司法职权的体现，也是法院执行工作的重要环节。买受人在拍卖成交后无正当理由悔拍，不仅会给执行案件当事人造成损失，还会严重影响司法拍卖秩序，影响执行标的及时变现，使其他有真实购买意愿的竞买人未能拍受，拉长财产处置期限，导致申请执行人权益不能及时兑现，也损害司法活动的严肃性。因此，买受人悔拍应承担相应的法

---

① 参见(2019)苏01执复105号民事裁定书。

律责任。

三、悔拍的责任边界

对于买受人悔拍的责任承担,《拍卖变卖规定》与《网拍规定》的规定不尽相同。按照《拍卖变卖规定》第 22 条的规定,买受人逾期未支付价款或者承受人逾期未补交差价而使拍卖、抵债的目的难以实现的,法院裁定重新拍卖,但重新拍卖价款低于原拍卖价款所造成的差价、费用损失及佣金,从原买受人预交的保证金中扣除,不足部分可以由买受人弥补差价,多余的部分予以退还。《网拍规定》第 24 条则规定,拍卖成交后买受人悔拍的,保证金不予退还;保证金用于承担拍卖产生的费用损失、二次拍卖价款低于原拍卖价格的差价、冲抵本案被执行人的债务以及与拍卖财产相关的被执行人的债务;不得再次参与本物品的竞买。

买受人悔拍后的重新拍卖,虽然可能时间间隔不长,市场影响因素不大,但拍卖受竞买人的主观因素影响较为明显,容易导致前后成交价不一致,很可能超出原买受人保证金的承受范围,就此产生保证金不足以承担的部分,是否要求原买受人承担的争议。虽然无论是《网拍规定》还是《拍卖变卖规定》都对买受人悔拍后的责任承担问题作出了规定,但两个司法解释对责任承担的范围有不同规定。《网拍规定》第24条并未就悔拍后保证金不足以弥补差价，买受人是否还要承担责任作出明确规定。这样究竟是将原本《拍卖变卖规定》第22条规定的“保证金数额不足的，可以责令原买受人补交”的内容去除，还是就此问题未作出规定？而需要按照《网拍规定》第37条第3款的规定，适用其他有关司法拍卖的规定处理？买受人悔拍的责任边界是限制在保证金的范围内，还是及于超出保证金的前后拍卖的差价？对此实务界做法不一，学界也争论不休，这一问题将在第二节“保证金的适用问题”中具体展开。

上文提到的恶意竞拍的悔拍情形，还应承担更加严厉的法律责任，即强制措施。强制措施是法院在审判和执行过程中，为了保证民事审判活动和执行活动的顺利进行，对实施妨碍民事诉讼行为的人所采取的各种强制性手段。2023年修正的《民事诉讼法》第114条对妨碍民事诉讼的行为种类进行了规定，其中以暴力、威胁或者其他方法阻碍司法工作人员执行职务的可以处以拘留和罚款。[①] 网络司

① 《民事诉讼法》第114条规定：“诉讼参与人或者其他人有下列行为之一的，人民法院可以根据情节轻重予以罚款、拘留；构成犯罪的，依法追究刑事责任：(一)伪造、毁灭重要证据，妨碍人民法院审理案件的；(二)以暴力、威胁、贿买方法阻止证人作证或者指使、贿买、胁迫他人作伪证的；……(五)以暴力、威胁或者其他方法阻碍司法工作人员执行职务的；(六)拒不履行人民法院已经发生法律效力的判决、裁定的。人民法院对有前款规定的行为之一的单位，可以对其主要负责人或者直接责任人员予以罚款、拘留；构成犯罪的，依法追究刑事责任。”

法拍卖是法院执行中重要的财产变现手段，是法院的重要执行活动，买受人悔拍实质上是妨碍了执行法官行使职权，视情况应当有强制措施的适用空间。如上文提到的苹果手机拍卖案中，法院最终对参与非正常竞价、妨碍法院执行的车某某和刘某某分别处以 1 万元及 2 万元罚款。由于恶意竞拍的情况相对较少，强制措施的适用比例很低，买受人悔拍的责任承担主要体现在保证金的适用上。

第二节　保证金的适用问题

一、保证金制度的作用

买受人未依拍卖公告规定的期限支付价款的情形拖延了执行程序的进行，不同程度地损害了债权人、被执行人及其他竞买人的利益，所以该行为对拍卖秩序影响重大。保证金制度一方面是为了防范竞买人不负责任地参与竞拍或者随意应价所带来的不确定性风险，另一方面起到担保的功能，担保竞买人在转变为买受人后按照拍卖公告约定的时间缴纳余款。在竞买人竞买成功的情况下，如果不按时缴纳余款，法院需要重新组织拍卖，由此会产生一系列的额外支出，只有在拍卖前要求竞买人缴纳相应的保证金，才能保证在一定程度上补足重新拍卖所造成的损失。从实践结果来看,保证金制度对遏制买受人悔拍确实起到了一定的作用。

二、悔拍后保证金的适用规则

悔拍作为一种违约行为,原买受人必然要承担一定的违约责任。由于《拍卖变卖规定》和《网拍规定》对悔拍后保证金的规定有所不同,尽管《网拍规定》的起草者对此进行了解释:在该规定征求意见的过程中,很多法院提出,强制补交差价实际上在本案执行外增加了一道新的执行程序;在执行不能的情况下,会给执行法院带来不必要的负担与困难,故《网拍规定》去除了《拍卖变卖规定》第 25 条的相关内容,[①]但学界和司法实践中各地法院对悔拍后是否需要在保证金以外通过责令原买受人补交差价的方式继续追究其违约责任,一直有争论,做法也不尽相同。[②]

(一)学理上的分歧

首先学理上存在分歧。一种观点认为,《网拍规定》未提及补交差价内容,实际否定了《拍卖变卖规定》中责令补交的规定。[③] 根据《网拍规定》第 38 条的规定,《网拍规定》

---

① 参见江必新、刘贵祥主编:《最高人民法院关于人民法院网络司法拍卖若干问题的规定理解与适用》,中国法制出版社 2017 年版,第 340 页。

② 参见王飞:《竞买人悔拍后保证金的处理》,载《人民司法》2021 年第 5 期。

③ 参见刘东:《挑战及应对:网络司法拍卖新发展》,载《东岳论丛》2020 年第 6 期。

施行前最高人民法院公布的司法解释和规范性文件与该规定不一致的,以《网拍规定》为准,故《拍卖变卖规定》补交拍卖差价的内容在网络司法拍卖中不再适用。再则,《拍卖变卖规定》中虽规定保证金数额不足以弥补差价的,法院可以责令原买受人补交,但同时也规定在扣除所有费用后保证金有剩余的,应当退还原买受人,遵循的是"多退少补"的规则。与之不同,按照《网拍规定》,拍卖成交后买受人悔拍的,交纳的保证金不予退还。既然如此,那么在保证金数额不足以弥补差价时,自然不能要求悔拍者进行补交,否则明显有失公平。

另一种观点认为,《网拍规定》未涉及补交内容,只是单纯地没有规定,根据《网拍规定》第 37 条第 3 款的规定,该规定对网络司法拍卖行为没有规定的,适用其他有关司法拍卖的规定。无论是传统委托拍卖还是网络司法拍卖,均应适用《拍卖变卖规定》,保证金不足以弥补差价的,悔拍的买受人应当继续补交,拒不补交的,强制执行。[①]

(二)实践中的差异

在司法实践中同样存在差异。由于《网拍规定》中规定不明,不同法官有不同理解,实务中也产生了争议。

---

① 参见陈景善:《司法网络拍卖法律适用问题——苹果天价手机事件为中心》,载《法律适用(司法案例)》2017 年第 22 期。

一种情况是，法院认定司法拍卖中买受人悔拍的，买受人应在其缴纳的保证金范围内承担责任。例如，在深圳市中级人民法院审查的一起执行复议案件中，[①]原审法院认定虽然《拍卖变卖规定》第 25 条第 2 款（2020 年修正后已经成为第 22 条规定）规定重新拍卖的价款低于原拍卖价款造成的差价由原买受人承担，保证金数额不足的，可以责令原买受人补交，但《网拍规定》第 24 条已将“保证金数额不足的，可以责令原买受人补交；拒不补交的强制执行”内容去除，仅以保证金为限追究悔拍人的违约责任。根据《网拍规定》第 38 条的规定，该规定施行前最高人民法院公布的司法解释和规范性文件与该规定不一致的，以该规定为准。故，《拍卖规定》第 25 条第 2 款有关“保证金数额不足的，可以责令原买受人补交”的规定不再适用。因此，在没收异议人缴纳的保证金 1500 元之后，再通知异议人补缴差价 125800 元，该决定缺乏法律依据，应依法撤销。深圳市中院在复议中认定买受人应在其缴纳的保证金范围内承担责任，维持了原审法院的执行裁定。

另一种情况是，法院认定《网拍规定》第 24 条第 1 款仅规定保证金不予退还并未规定悔拍人应当补交差价，但是，该条款仅是针对拍卖保证金的处理，并未明确规定买受

① 参见（2019）粤 03 执复 265 号民事裁定书。

人悔拍后无须补交差价。并且《网拍规定》将保证金多余部分可退还变更至该规定保证金不予退还，都表明加重了违约悔拍行为的法律责任。同时该规定第 37 条第 3 款规定“本规定对网络司法拍卖行为没有规定的，适用其他有关司法拍卖的规定”，因此可以适用《拍卖变卖规定》中关于补交差价的规定。例如，在浙江省绍兴市中级人民法院审理的一起上诉案件中，认为《网拍规定》并未明确规定悔拍人不需要补交差价，且拍卖须知中明确提示竞拍人悔拍后应当对扣除保证金后不足部分予以补交，上诉人作为完全民事行为能力人参与竞拍，应当受竞拍规则的约束，理应承担悔拍的法律后果，一审判令上诉人补交差价并未违反《网拍规定》第 24 条第 1 款之规定。

三、保证金适用制度的完善

尽管学界对是否应当补差价存在不同观点，但均对法院应在法律允许的范围内采取惩戒主观恶意、性质恶劣的悔拍人保持一致的支持态度。因此，应对拍卖保证金制度进行完善，以维护网络司法拍卖的正常秩序、降低悔拍率。

一是明确差价补交责任。应重新建立差价补交制度，这也有利于新旧司法解释内容的统一，保持拍卖政策的一贯性。[①] 买受人只要出现悔拍行为，就有可能受到被没收保证金以及补交差价的双重制裁。如果将悔拍的责任承担限定于保证金内，竞买保证金并不足以对买受人的“悔拍”形成有效威慑，也未必能弥补其所导致的损害赔偿。[②] 不要求买受人补足差价，一方面可以鼓励竞买，但另一方面也有增加悔拍的可能性。买受人完全可以在衡量成本与收益之后作出是否悔拍的决定，即使自己将来悔拍，也只是在所缴纳的保证金范围内承担责任。这种采取保证金模式的责任承担具有明确性和限定性，而恰恰是这种明确性和限定性会加大悔拍发生的概率。

悔拍不仅损害了债权人或者债务人的利益，还给法院及其他竞买人造成了损失。若是买受人没有悔拍，拍卖财产应当以原拍卖价格成交，由于买受人悔拍导致拍卖财产要重新进行拍卖，在重新拍卖的成交价低于原拍卖的价款时，则造成了利益的损失。这种结果买受人在悔拍时应当预料到，所以对这一部分损失应当予以赔偿。若买受人悔拍且拒不补交差额的，法院应当强制执行。在执行过程中，还应根据竞拍过程、出价情况等因素，区分悔拍者的主观意

---

① 参见刘东：《挑战及应对：网络司法拍卖新发展》，载《东岳论丛》2020 年第 6 期。

② 参见百晓锋：《论司法拍卖中“悔拍”的法律后果》，载《法律适用》2020 年第 7 期。

图。若属于恶意竞拍，视其恶意大小决定是否依照《民事诉讼法》对其扰乱司法秩序的行为处以额外的处罚，并不予退还冲抵相关费用、差额后还有剩余的保证金；若属于过失性悔拍，在存在剩余保证金的情况下，则依照比例原则，予以适当的退还。

二是调整小额拍卖中保证金的收取比例。《网拍规定》就保证金的收取比例予以规定，即不区分拍卖财产的价格高低，保证金在拍价的5% ~20%范围内确定。[①] 这种规定可能导致在小额拍卖中，即使收取20%的保证金也只是一笔小数目，一旦悔拍且不补足差价，悔拍成本较低；若补足差价，起拍价较低因此差价也在一个有限的范围内。这导致在小额拍卖中，保证金很难起到担保余款支付的效果，也很难弥补重新拍卖造成的时间、金钱上的损失。除此之外，还可能出现被执行人出于为自己争取时间的目的自己更换账号进行拍卖后悔拍或者请他人进行代拍后悔拍。

因此，应当调整小额拍卖中保证金的收取比例，可以借鉴国外对此的相关规定。如韩国规定司法拍卖保证金为最低出售价格的10%，《韩国民事执行规则》第63条第1项、第2项规定，司法辅佐官认为有正当理由的，可以另行决定

① 《网拍规定》第17条第1款规定："保证金数额由人民法院在起拍价的百分之五至百分之二十范围内确定。"

保证金额；日本规定保证金一般为出售基准价额的 20%，《日本强制执行法》第 67 条规定，买受人如果悔拍的话，执行裁判所可再次组织拍卖，但前后两次买受价额的差价不得高于保证金额，以确保悔拍者所交保证金足以弥补因再次拍卖而产生的损失。[①] 因此可考虑取消对执行法院收取拍卖保证金的限制，上不封顶，或者继续保留《网拍规定》中上限不得超过起拍价的 20% 的规定，但允许执行法官根据正当理由另行决定保证金额，如果拍卖财产的价值比较低，法院可以适当地提高保证金的数额，进一步扩大买受人悔拍的经济损失。

① 参见刘东：《挑战及应对：网络司法拍卖新发展》，载《东岳论丛》2020 年第 6 期。

第十章　司法拍卖标的物的交付

司法拍卖对于保障申请执行人的利益、提高司法公信力具有重要的意义。买受人作为司法拍卖的重要参与主体,关系到整个拍卖活动能否顺利开展以及拍卖程序能否成功进行。司法拍卖中标的物的交付尤其是不动产的交付无疑是买受人极为关注的问题,然而,由于我国司法拍卖实践时间比较短、相关法律法规仍不够完善,在不动产的交付以及不动产上租赁权的处置问题上都存在一定的争议,下文将围绕这两个方面对司法拍卖中标的物的交付问题详细展开论述。

第一节　不动产的交付

一、不动产的交付义务

(一)法院的交付义务

不动产的变现是执行法院实现债权人债权的重要处置

方式,而司法拍卖则是不动产变现的重要途径之一。司法拍卖成交后,买受人通过交付的方式取得该不动产的占有、使用权益,关于交付在我国关于民事执行程序的司法解释中可以找到相关规定。最高人民法院于2004年通过的、2020年修正的《拍卖变卖规定》第27条规定:“人民法院裁定拍卖成交或者以流拍的财产抵债后,除有依法不能移交的情形外,应当于裁定送达后十五日内,将拍卖的财产移交买受人或者承受人。被执行人或者第三人占有拍卖财产应当移交而拒不移交的,强制执行。”移交,是指将标的物实际交由买受人控制,意味着将标的物的占有转移给买受人。[①] 这一规定原则性地肯定了执行法院应当交付司法拍卖成交的不动产义务。最高人民法院2016年通过的《网拍规定》第6条第7项进一步明确执行法院应当履行办理财产交付的职责。[②]

因执行法院在对被执行人所有的财产采取拍卖、变卖等变价程序时,往往用时较长,为了避免标的物丧失,难以获得执行后结果,特设计查封程序,以保全拍卖、变卖等程序的顺利实施,确保债权人的债权可获得实现。对于不动

---

① 参见雷彤:《司法拍卖不动产的交付问题研究》,载《人民司法》2019年第13期。

② 《网拍规定》第6条第7项规定:“实施网络司法拍卖的,人民法院应当履行下列职责:……(七)办理财产交付和出具财产权证照转移协助执行通知书。”

产而言，不动产查封是为了确保申请执行人的民事权利得以实现，由人民法院作出的禁止被执行人处分或者转移不动产的强制执行措施，[①]执行法院在处置被执行人的不动产时有“活封”和“死封”两种方式。“活封”，指的是对涉案不动产只在不动产登记机构办理不动产查封登记，限制不动产所有权人对外的转让行为，并不影响债务人继续占有、使用该不动产，也可以避免资源的浪费。而“死封”不仅要进行查封登记，用以限制不动产所有权人对外转让的交易行为，还要在涉案不动产上张贴封条，禁止债务人和第三人占有和使用。实践中“活封”使用较多，由于“活封”仅限制被执行人的处分权，并未强制解除被执行人或者第三人的占有，买受人拍卖成交不动产取得其所有权后，为了能获得使用权，实现对不动产事实上的支配管领的能力，需要执行法院履行其交付职责，解除不动产上占有人的占有使用。执行法院行使国家的强制执行权，拍卖被执行人的不动产，竞买人拍卖成交后，向执行法院缴纳价款并取得不动产的所有权，即有权向执行法院请求交付。因此，拍卖成交后要求交付是买受人的权利，也是执行法院所应履行的义务。

---

① 参见邓沁婷：《不动产执行制度研究》，中南财经政法大学 2020 年博士学位论文。

执行法院应负司法拍卖成交后不动产的交付义务，但交付的义务人最终落实的主体应为占有不动产之被执行人或者其他占有人。交付是被执行人履行出卖人的义务，虽然，按照司法拍卖公法说的观点，执行法院是司法拍卖的主体，但实质上，执行法院是以强制力代为被执行人出卖其不动产，被执行人仍负有交付义务。若不动产由被执行人占有或其辅助人直接占有，则其对买受人属于无权占有，自应承担返还义务并容忍强制执行。若不动产由第三人占有，则应考虑第三人的占有能否对抗买受人。

（二）被执行人的交付义务

司法拍卖不同于任意拍卖，任意拍卖具有私法特点，在性质上属于民事买卖，对买受人履行交付标的物的义务是基于合同产生的约定义务。但在执行拍卖中，司法机关基于国家强制力对被执行人的财产进行处分，进而将被执行人的财产进行变价用以实现申请执行人的债权。此处的交付义务不同于任意拍卖中出卖人对买受人负有的约定交付义务。

根据最高人民法院《民诉法解释》第 491 条的规定，执行法院在拍卖成交后做出的成交裁定能够发生基于公权力的物权变动效力。[①] 与任意拍卖仅为买卖过程不同，司法拍卖除了是对被执行人财产的买卖过程之外，更是执行机关行使执行权的公权力运行过程，具有司法公信力等公法效果。由此，司法拍卖的买受人在裁定送达时依法律规定取得拍卖标的物所有权。[②] 被执行人对拍卖标的物的所有权灭失，其占有状态也变为无权占有。此时，买受人可以基于《民法典》第 235 条对被执行人主张返还原物请求权，[③] 被执行人也因无权占有而对买受人负有交付拍卖标的物的义务。

（三）第三人的交付义务

根据《拍卖变卖规定》第 28 条第 2 款的规定，不动产上存在合法租赁权或用益物权时，执行程序并不能消除该权利。[④] 民事执行虽然是公法行为但最终目的是实现私法上的请求权，其效果不能干扰其他私法权利。因此，人民法院在对案件所涉及的房屋进行查封前，对标的物已经租赁，

---

① 最高人民法院《民诉法解释》第 491 条规定："拍卖成交或者依法定程序裁定以物抵债的，标的物所有权自拍卖成交裁定或者抵债裁定送达买受人或者接受抵债物的债权人时转移。"

② 雷彤：《司法拍卖不动产的交付问题研究》，载《人民司法》2019 年第 13 期。

③ 《民法典》第 235 条规定："无权占有不动产或者动产的，权利人可以请求返还原物。"

④ 《拍卖变卖规定》第 28 条第 2 款规定："拍卖财产上原有的租赁权及其他用益物权，不因拍卖而消灭，但该权利继续存在于拍卖财产上，对在先的担保物权或者其他优先受偿权的实现有影响的，人民法院应当依法将其除去后进行拍卖。"

即享有租赁权或者具有其他担保物权、用益物权的权利人依法不负有交付房屋的义务，其享有的权利或占有的状态可以对抗民事执行，进而对抗因拍卖而产生的所有权。这也是“买卖不破租赁”原则在民事执行程序中的体现。但是对于此种状态，《网拍规定》第 14 条第 3 项特别规定了执行法院在向社会各界发布的拍卖公告中应当清楚明白地告知权利负担，[①]只有让买受人提前知晓标的物上存在的权利瑕疵，从而让其承受该部分权利的限制才具有合理性。如果被执行人应交付的不动产，于查封后为第三人占有的，被执行人所为的对不动产的处分行为因受查封效力的拘束而不保护第三人的权益，也即无论第三人是否为善意，基于执行程序的公法性质，第三人不得再以该权利对抗执行拍卖的买受人的所有权。如果查封前占有人已合法占有的，该合法占有人不受查封效力的约束，法律对司法拍卖成交的不动产上的合法权利应予保护。此时要待第三人在查封前占有的权利被除去后，占有人变为无权占有，方须交付。第三人对执行拍卖的买受人是否负有交付义务，应当根据第三人的占有权能否对抗买受人的所有权而定。

① 《网拍规定》第 14 条第 3 项规定：“实施网络司法拍卖的，人民法院应当在拍卖公告发布当日通过网络司法拍卖平台对下列事项予以特别提示：……（三）拍卖财产已知瑕疵和权利负担；……”

二、不动产的交付期限

根据《拍卖变卖规定》第 27 条的规定，[①]一般财产的交付期限为 15 日内，该条规定适用于拍卖普通房屋的交付期限，但要在 15 日内完成房屋的交付，如果占有人阻碍，则难以实现。实践中，启动司法拍卖后仍由被执行人或者第三人占有的财产多数为不动产，而不动产的腾退交付工作要在 15 日内完成实属不易，既存在当事人阻挠移交的主观障碍，也存在搬迁物品工作量大、找寻替代场地费时费力等客观障碍；既受制于执行过程中先公告后腾退的程序烦琐性，又受制于人民法院案多人少的资源稀缺性。[②] 在实践中，被执行人对不动产交付持不抗拒不配合的态度，或者暴力抵抗法院执行的现象屡见不鲜，这种情况下 15 日内移交不动产很难实现。

根据《执行异议复议规定》第 20 条第 2 款的规定，[③]在

---

① 《拍卖变卖规定》第 27 条规定："人民法院裁定拍卖成交或者以流拍的财产抵债后，除有依法不能移交的情形外，应当于裁定送达后十五日内，将拍卖的财产移交买受人或者承受人。被执行人或者第三人占有拍卖财产应当移交而拒不移交的，强制执行。"

② 参见赵玉东：《不动产司法拍卖交付难之破解》，载《人民司法》2020 年第 19 期。

③ 《执行异议复议规定》（2020 年修正）第 20 条第 2 款规定："执行依据确定被执行人交付居住的房屋，自执行通知送达之日起，已经给予三个月的宽限期，被执行人以该房屋系本人及所扶养家属维持生活的必需品为由提出异议的，人民法院不予支持。"

金钱债权执行中,执行依据确定被执行人交付的本人及其所扶养家属维持生活必需的居住房屋,被执行人可以自执行通知送达之日起3个月的宽限期届满后才交付,该条规定适用于执行依据确定交付的房屋。房屋拍卖的执行实践一般具有以下流程:发布拍卖公告、竞价成交、制作成交确认书、缴纳尾款、办理过户登记、交付房屋、发放案款。从公平交易的原则出发,法院只有真正向买受人交付房屋完毕,申请执行人才有权分配拍卖款。如果设置长达数月的宽限期,对申请执行人的利益会造成较大的不利影响。同时,由于宽限期会使买受人延期收房,对最终的成交价也会带来不利影响,同样不利于债权人足额回收债权。对于买受人而言,支付完拍卖款后却要在数月后才能真正拿到房屋,其合法利益无法得到保护。可见,司法拍卖房屋交付期限制度与司法实践的客观需要目前还存在一定差距。

三、不动产的交付方式

(一)按现状拍卖

为了防止被执行人处分不动产,执行法院一般以提取、保存财产权证照或查封登记的方法查封不动产,未必会腾退不动产并将其交由执行法院占有。这就导致拍卖的房屋中经常有人居住或放置物品,引发拍卖不动产的交付难题。面对不动产司法拍卖交付环节的重重困难,一些执行法院采取直接按照现状拍卖的方式,由买受人自行解决腾退交付问题,从而减轻自身的工作负担。在这种模式下,执行法院在拍卖开始前将腾退困难的情况通过公告、咨询问答等方式予以公示,并在拍卖成交后向竞买人释明由其自行与被执行人解决交付事宜。基于法院案多人少的矛盾,执行力量有限,存在在拍卖公告中直接声明"按现状拍卖,法院概不负责交付"的现象。

拍卖的房产被买受人取得之后,买受人对房屋原占有人所提起的腾房诉讼请求,近年来不同的法院亦有不同的意见与做法:一是买受人的请求合法,应予以支持;二是买受人明知系按现状拍卖,其取得的物权本来就有瑕疵,故不应再提起腾房的诉讼请求,法院应驳回其诉讼请求;三是买受人是基于法院的强制执行措施取得的物权,应在执行程序中解决,民事诉讼不应予以受理。因腾房纠纷提起的诉讼目的就是厘清占有的合法性,以及拍卖买受人所取得物权的完整性。买受人在按现状拍卖中取得的房屋,其产权属于完全产权,有权要求原占有人腾空房屋,以实现其物权。此时房屋原居住人不肯腾空,买受人的权利因此受损,买受人寻求救济成为难题。买受人在司法拍卖中取得房屋的完全产权,司法拍卖属于强制执行措施,既然其取得的权利是完整的,就不应该在执行过程中受到限制。如果买受人的权利受到限制,则属于执行不到位的问题,理应由执行法院再进一步加以完善。在此情况下,买受人可以申请要求强制执行,人民法院执行部门应予受理并在执行程序中加以解决。在实践中,个别法院的执行部门不将此类纠纷当作执行问题,买受人只能将按现状拍卖房屋的腾房纠纷诉诸法院,增加买受人的诉累,而买受人的不动产交付请求权得不到保障,买受人拍得房屋后无法入住,将会严重损害司法拍卖的权威性和公信力。

(二)腾退后拍卖

与动产交付不同,由于不动产物权人通常凭借居住或放置物品实现占有效果,交付不动产时,需要以搬迁、清空即腾退的方式才能解除他人对不动产的占有,让新的物权人取得占有。也就是说,腾退专指不动产的交付方式。由于不动产的交付需要先腾退,解除被执行人以及其他无权占有的第三人对不动产的占有,需要耗费大量的时间精力,同时也会面临被执行人的阻碍,腾退交付困难重重。2021年12月,最高人民法院在《关于进一步完善执行权制约机制 加强执行监督的意见》中明确指出,拍卖财产为不动产且被执行人或者他人无权占用的,人民法院应当依法负责腾退,不得在公示信息中载明“不负责腾退交付”等信息。至此,对司法拍卖中的不动产,法院是否应进行腾房的问题,给出了明确的意见,即法院应负责腾房交付,兼顾了执行权正当性与司法拍卖公信力及实效性。

第二节　不动产租赁权的保护与涤除

一、不动产租赁权的保护

不动产租赁的目的在于充分利用不动产的使用价值。对于不动产租赁权的性质，学界众说纷纭，有租赁权债权说、租赁权物权说、租赁权物权化说等，但归根到底还是将不动产租赁权的定义归结于因不动产租赁权的使用价值而产生的权利上。换言之，不动产租赁权就是承租人在与出租人签订租赁合同后，而获得的该不动产使用价值所带来的权利的总和，这些权利主要包括对租赁合同中的标的物不动产所享有的占有、使用、收益的权利。

我国法律规定体现出对不动产租赁权的保护态度，《民法典》第 725 条规定了"买卖不破租赁"，[1]"买卖"包括赠与、继承、司法拍卖等多种方式。《民法典》的规定有助于保护不动产合法使用权人的利益，维护不动产租赁市场的稳定，对法院执行拍卖程序中承租人合法权益的保障具有重要意义。

---

① 《民法典》第 725 条规定："租赁物在承租人按照租赁合同占有期限内发生所有权变动的，不影响租赁合同的效力。"

根据《拍卖变卖规定》第28条第2款的规定,[1]租赁权成立在先,担保物权成立在后,租赁权被保护不被去除;租赁权成立在担保物权之后,只有当租赁权的存在对担保物权的实现有影响时才将其去除。这里的对担保物权的实现有影响主要是考虑到拍卖标的物上附着的租赁权会降低竞买人的购买意愿,导致拍卖成交价格较低,损害在先担保物权人的利益。因此在司法拍卖实务中,法院允许担保物权人在拍卖前提出执行异议,去除拍卖标的物上附着的租赁权。如果在先的担保物权人没有提出异议,法院不会主动除去租赁权,由买受人承受租赁关系。我国对不动产进行拍卖时,以负担租赁权为主,而不是以除去租赁权为主,这是在考虑拍卖物上权利负担性质的基础上作出的立法。[2] 由于不动产租赁权主要以取得不动产使用价值为目的,承租人须占有使用租赁物才能有效地行使权利。我国采取的负担租赁权拍卖这一处理方式在一定程度上能有效地保护承租人的利益,稳定租赁关系,同时买受人也能用相对较低的价款购得标的物。此外,还应考虑租赁权成立时间与法院查封时间的先后顺序,根据最高人民法院《执行

---

① 《拍卖变卖规定》第28条第2款规定:"拍卖财产上原有的租赁权及其他用益物权,不因拍卖而消灭,但该权利继续存在于拍卖财产上,对在先的担保物权或者其他优先受偿权的实现有影响的,人民法院应当依法将其除去后进行拍卖。"

② 肖建国主编:《民事执行法》,中国人民大学出版社2014年版,第44页。

异议复议规定》第 31 条的规定,[1]对于查封前房屋已经设立的租赁权,承租人有权要求继续履行租赁合同,租赁权受保护。在房屋查封后再设立租赁权的,根据《查封规定》第 24 条的规定,[2]租赁合同有效但承租人无权要求继续履行租赁合同。

二、不动产租赁权的涤除

租赁权虽然具有对抗效力,但在某些情况下依旧无法实现对抗目的,进而被涤除。根据《拍卖变卖规定》第 28 条第 2 款可知,对不动产租赁权是否需要涤除要满足两个条件,首先取决于租赁合同签订时间与不动产上担保物权或者其他优先受偿权设立的先后顺序,只有租赁权设立在后时,才能考虑进行涤除。其次取决于租赁权的存在是否对在先担保物权或者优先受偿债权的实现产生了妨碍,只有在租赁权的存在导致不动产拍卖价格无法覆盖在先担保物权或者司法查封债权时,该租赁权才会被涤除。

---

① 《执行异议复议规定》第 31 条第 1 款规定:"承租人请求在租赁期内阻止向受让人移交占有被执行的不动产,在人民法院查封之前已签订合法有效的书面租赁合同并占有使用该不动产的,人民法院应予支持。"

② 《查封规定》第 24 条规定:"被执行人就已经查封、扣押、冻结的财产所作的移转、设定权利负担或者其他有碍执行的行为,不得对抗申请执行人。第三人未经人民法院准许占有查封、扣押、冻结的财产或者实施其他有碍执行的行为的,人民法院可以依据申请执行人的申请或者依职权解除其占有或者排除其妨害。人民法院的查封、扣押、冻结没有公示的,其效力不得对抗善意第三人。"

我国民事诉讼法和最高人民法院司法解释并未就司法拍卖中涤除租赁权的启动主体作出明确规定，学术界也没有统一观点。首先，以担保物权中的抵押权为例，主张法院依职权启动的学者认为，在同时存在抵押权人和普通债权人的情况下，拍卖物处置的价格不仅影响抵押债权人，而且影响普通债权人的利益。其次，因我国租赁权的成立缺乏公示要件，导致虚假租约频现，由于虚假租约之上的租赁权本身就违法，法院可依职权除去租赁权。[①] 主张因当事人申请而启动的学者认为，除去租赁权的法理基础源于后设立的租赁权不得对抗在先的抵押权，且租赁权的存在影响了抵押权的实现。影响抵押权实现的租赁权，仅相对于抵押权人不发生效力，若抵押权人不主动申请除去，基于私权自治的原理，法院不适合介入或干涉。况且，若抵押权人未申请除去租赁权，“此项既未涉公益，执行法院似也无依职权顾虑之必要”[②]。

在法院涤除租赁权后，不能因涤除租赁权，直接宣布抵押人与承租人之间的合同无效，也不能宣布合同解除。执行法院裁定涤除租赁权后，租赁合同关系在抵押人和承租

---

① 参见刘建发：《论抵押房产强制拍卖“除去”租赁权的法律适用》，载2013年最高人民法院全国法院第25届学术讨论会获奖论文集。

② 卢正敏：《论强制拍卖抵押物时租赁权的除去》，载《政法学刊》2016年第4期。

人之间继续有效。在民事执行程序中，涤除租赁权拍卖裁定仅具有涤除物上权利负担、排除租赁权对抗力之效力，并不干涉租赁合同本身的效力与存续。租赁合同只要具备通常合同的一般生效要件即产生法律效力，租赁合同成立之初并不关涉第三人利益，法律没有必要干涉缔约双方的意思自由。执行法院裁定涤除租赁权前经形式审查符合合同一般生效要件的租赁合同，基本可以认定为有效。正是因为租赁合同仍然有效，承租人可以因自己的承租权受到侵犯而向出租人提出违约赔偿。

在法院涤除租赁权的裁定作出后，法院应当继续启动强制拍卖程序对不动产进行拍卖，此时，该裁定对于申请执行人而言，无负担拍卖可以更好地维护其存在于该不动产上的权益；对于买受人而言，其可以通过竞拍得到完整的不动产所有权；对于承租人而言，虽然其在不动产上的租赁权已经被法院涤除，但是承租人仍可以依据租赁合同向出租人要求赔偿。如果承租人不服涤除租赁权的裁定，执行法院可以在承认承租人享有提起执行异议之诉的程序性权利的基础上，赋予承租人选择权，即充分告知承租人如若其对涤除租赁权拍卖裁定有异议，可以提起执行异议之诉或者执行复议进行权利救济。如此既充分保障了承租人的诉讼程序权利，同时，承租人自愿选择通过执行复议程序进行权利救济时，也能达到执行法院尽快推进执行工作的目的。

第十一章　流拍财产的处置路径探究

我国民事执行程序中设置了不同的变价措施，其中，民事执行拍卖因直接影响执行效果而居于十分重要的地位。鉴于民事执行拍卖结果的节点性意义与流拍的特殊性，本章将重点研究民事执行拍卖实践中流拍的相关问题，并聚焦流拍财产处置，对司法拍卖流拍的处理逻辑理路与其对拍卖效果的影响进行整体性探究。

在司法拍卖实践中，时常会发生流拍的情形。尤其在2020～2022年疫情环境的影响下，我国民事司法拍卖中的流拍现象更加普遍。针对具体的司法拍卖，由于拍卖公告的范围、标的物种类以及评估方法等限制原因，也可能会导致流拍的发生。

具体来看，我国司法拍卖实践中的流拍情形主要呈现为以下几种。

第一，无人竞买。根据我国《拍卖变卖规定》第16条、第23条、第24条、第25条的规定，出现此种无人竞买情形的，法院应根据财产性质、拍卖次数、申请执行人或其他执行债权人意见等不同情况做不同处理，包括抵偿、退还、再次拍卖、变卖等。

第二，竞买人的最高应价低于保留价。此情形下的处理规则类似于前述无人竞买，应当结合《拍卖变卖规定》第16条、第23条的规定，依据到场的申请执行人或其他执行债权人是否申请以保留价抵债的情况进行处理。

第三，拍卖成交或者以流拍财产抵债后，出现买受人逾期不支付价款或者承受人逾期不补交差价的情形，并且该情形致使拍卖、抵债的目的难以实现的。

如果以拍卖是否成交作为划分标准，可以将司法拍卖实践中的流拍区分为拍卖未成交的流拍与拍卖成交后的流拍。

对于拍卖未成交的流拍，我国《拍卖变卖规定》中各项规定确定的处理程序可以总结为两种：一种是酌情降低保留价后再次拍卖，另一种是“以物抵债”，即准许申请执行人或者其他债权人以本次拍卖的保留价接受该财产抵债。根据《拍卖变卖规定》第23条、第24条的规定，再次拍卖时应当区分动产与不动产，动产第二次拍卖仍然流拍且仍然不能实现以物抵债的，将动产退还给被执行人；对于不动产或其他财产权第二次拍卖仍然流拍且不能实现以物抵债的，将组织第三次拍卖，第三次拍卖仍然流拍且不能实现以物抵债的，由人民法院组织公告变卖，最终仍不能实现以物抵债的，将财产退还给被执行人。

拍卖成交后的流拍，主要指的是拍卖成交后（以流拍财产抵债后）买受人超过期限仍不支付价款造成的流拍，同时也包括承受人逾期不补齐差价的情形。这种形式的流拍对应的是前述第三种具体流拍情形，对此，我国《网拍规定》第 24 条规定人民法院可以裁定重新拍卖，并且针对原买受人的过错设置了一些惩罚性条款，例如重新拍卖时，原买受人不得参加竞买；拍卖成交后买受人悔拍的，交纳的保证金不予退返，依次用于支付拍卖产生的费用损失，弥补重新拍卖价款低于原价款的差价，冲抵本案被执行人的债务以及与拍卖财产相关的被执行债务等。

拍卖实践中造成流拍的因素是多方面的，如前文所述，包括宏观经济环境、拍卖公告范围限制、标的物种类限制、拍卖评估方法限制等。在这些因素中，最常见的一个原因可能是原拍卖确定的保留价过高，因此在拍卖出现流拍时一般首先考虑的处理方式便是酌情降低保留价后再行拍卖，《网拍规定》第 10 条、第 26 条和《拍卖变卖规定》第 5 条对起拍价及流拍后的拍卖价格作了规定。不过，实践中降价再行拍卖可能会带来种种弊端，因而产生了以物抵债这一流拍处理方式。相比于单一的降价再行拍卖，以物抵债的流拍处理方式不仅可以为债权人债权的早日实现提出了一种新的途径,而且可以为债务人避免降价贱卖财产而造成的损失。另外,以物抵债还可以节省降价再拍卖花费的必要再拍卖费用、时间和人力,对执行效率的提高有一定帮助。以上逻辑,是《拍卖变卖规定》中许多规则设定上所暗含的,如《拍卖变卖规定》为了兼顾执行强制性的特点,其中关于以物抵债的规定表明,以物抵债的启动不需要征得债务人一方的同意,其发起的方式有两种:一是到场的申请执行人或者其他执行债权人申请,二是人民法院在每次流拍后主动征求债权人意见。对于上述财产抵偿规则的设定逻辑,以及流拍所必然涉及的财产发还与强制管理问题,本章会在各节进行阐释。

第一节　流拍财产的抵偿

一、什么是流拍财产抵偿

在司法拍卖程序中,流拍财产的抵偿一般被表述为"以物抵债"的下位概念,即流拍后的以物抵债。就以物抵债而言,较为常见的形式有两种,一种是当事人之间的合意抵债,另一种是变价不成后的法院强制抵债。这两种以物抵债方式最早出现在 1992 年《民诉法解释》第 301 条、第 302 条的规定中。但是,在 1992 年《民诉法解释》出台后的执行实践中,曾出现过双方当事人恶意串通,利用执行中以物抵债程序损害社会公共利益和第三人利益的情况。针对实践中出现的问题,2014 年出台的《民诉法解释》中为上述以物抵债的方式增加了"且不损害其他债权人合法权益和社会公众利益的"限制性条件。这就是我们见到的 2022 年《民诉法解释》第 489 条、第 490 条的内容。除了前述两种以物抵债方式外,还有一种以物抵债方式因未出现在 2022 年《民诉法解释》中而容易被人们忽略,这种抵债方式我们称为流拍后的以物抵债,也就是本节所讨论的流拍财产之抵偿。针对这一问题,我国《拍卖变卖规定》第 16 条作出两款具体的规定:"拍卖时无人竞买或者竞买人的最高应价低于保留价,到场的申请执行人或者其他执行债权人申请或者同意以该次拍卖所定的保留价接受拍卖财产的,应当将该财产交其抵债。有两个以上执行债权人申请以拍卖财产抵债的,由法定受偿顺位在先的债权人优先承受;受偿顺位相同的,以抽签方式决定承受人。承受人应受清偿的债权额低于抵债财产的价额的,人民法院应当责令其在指定的期间内补交差额。"

据此,可以通过规定的描述得到流拍后以物抵债的定义:所谓流拍财产抵偿,是一种区别于合意抵债、强制抵债的独立抵偿方式,其发生于民事执行程序司法拍卖期间,是由到场的申请执行人或其他执行债权人在无人竞买或竞买人最高应价低于保留价时,以独立意思表示申请或同意以该次拍卖保留价接受财产抵偿的一种抵偿方式,且该抵偿处理方式适用法定受偿顺位规则与差额补齐规则。

二、流拍财产抵偿与其他类型以物抵债的区别

如前文所述,流拍财产抵偿,是一种不同于合意抵债与强制抵债的独立财产抵偿方式,其特殊之处在于以下几点。

申请主体特殊。合意抵债和强制抵债的申请主体限于本案申请执行人与被执行人,对于流拍财产抵偿而言,涉案的到场申请执行人与其他执行案件中的债权人均可以进行申请或对以保留价进行财产抵偿表示同意。

发生阶段特殊。流拍财产抵偿发生的前提条件是拍卖未成交,因此其发生的阶段是在司法拍卖应处置的财产出现流拍后。按照规定,这种流拍限于拍卖未成交的流拍,即无人竞买与竞买人最高应价低于保留价两种情形。但是,流拍财产抵偿的发生不因拍卖次数的变化而变化,因而无论是一拍流拍还是二拍流拍,上述适格的两类主体都可以提出抵偿申请或表示同意。应当注意的是,流拍财产抵偿中的流拍发生阶段并不是财产变价不能的阶段,因为按照上述规定,一拍流拍后还可以二拍,二拍流拍后还可以变卖。待所有变价程序结束后,仍不能变现的财产,才可以认

为是变价不能的财产,从而适用强制抵债的程序,从这一角度,也更体现出强制抵债与流拍财产抵偿在发生阶段上的区别。

接受价格特殊。在合意抵债和强制抵债中,抵债财产价格确定的方式为作价,而流拍财产抵偿中,是以保留价作为以物抵债的价格。

三、设立流拍财产抵偿制度的意义

流拍财产抵偿与另外两种以物抵债方式的关系是较为多样的,准确来讲,实践中其与另外两种以物抵债方式发挥的是相辅相成、互相补充的作用。从抵偿效率的角度来看,流拍财产抵偿这种以物抵债方式能够有效地提高拍卖财产处置的效率,其较为灵活的申请与同意规则的设定与多轮拍卖的制度规则相结合,为申请人、其他执行案件中的债权人最终受偿其债权这一结果提供了更多的可能。从抵偿公平的角度来看,将接受以物抵债的价格限定为流拍价格,可以充分保障被执行人的利益,因为此时以物抵债申请人相当于一位单独的买受人,这种以物抵债所产生的效果与拍卖成交的效果并无二致,所以不必担心被执行人的权益在以物抵债中受损。

四、民事执行程序流拍财产抵偿制度适用存在的问题与建议

（一）以物抵债本身的法律规定缺位

目前，司法解释和各地的指导性意见针对司法拍卖、变卖不成而强制适用以物抵债的情形作了较为具体的规定，根据2022年《民诉法解释》第490条规定，“被执行人的财产无法拍卖或者变卖，经申请执行人同意，且不损害其他债权人合法权益和社会公共利益，人民法院可以将该项财产作价后交付申请执行人抵偿债务，或者交付申请执行人管理”。司法解释中规定的无法拍卖或变卖后以物抵债的履行方式，隐含了一个适用上的前提，即以物抵债行为的实施应当得到执行法院的审查认可，且不得损害社会公共利益或第三人的合法利益。但是，对于当事人合意达成以物抵债协议的，最高人民法院认为当事人之间的协议属于当事人意思自治范畴，法院不得非法干预，且该协议本身并不具有强制执行力，若法院据此作出以物抵债裁定，容易损害案外人的合法权益。因此2018年2月颁布实施的《最高人民法院关于执行和解若干问题的规定》第6条规定，当事人达成的以物抵债执行和解协议，人民法院不得依据该协议作出以物抵债裁定。人民法院对执行程序中合意达成的以物抵债协议不予裁定审查，给当事人滥用处分权留下了法

律规避空间。

法律缺位必然导致实务操作的混乱。如前文所述，执行程序中以物抵债并不是一个传统的法律概念，而是在司法实践中形成的一种变通履行方式。市场经济的发展推动了以物抵债的大量运用，但法律的稳定性和谦抑性使得法律无法及时跟上市场经济的步伐。我国民事诉讼法并未明确规定该种执行方式，更未明确该种执行方式的法律性质和操作规则，对于强制以物抵债的情形，各级法院作了积极的探讨和具体规定。对于双方当事人合意达成进行以物抵债的，目前法院的规定较为原则，且没有操作规程，实务规范主要依赖当事人执行异议救济和执行法官的自由裁量，这就容易引发一系列的问题。

上述关于以物抵债问题的法律规定缺位，导致以物抵债的操作体系本身呈现出不完善的规范状态，而流拍财产抵偿作为一种发生于特殊阶段的以物抵债方式，并未规定于民事诉讼法或其他法规中，仅在《拍卖变卖规定》中进行了规定，关于审查需求、强制性力度、执行性质、补救措施等，规定中并未予以界定。如前所述，强制抵债、合意抵债与流拍财产抵偿三种以物抵债方式存在诸多区别，在目前强制抵债规范较为完善的状态下，无论是合意抵债还是流拍财产抵偿制度都不能直接类推适用前者的规则，更不用说此二者皆涉及意思自治领域，对独立程序规制的需求更强一些。因此,以物抵债制度本身的法律规范缺位问题,延伸性地导致了流拍财产抵偿的规范不足问题。

(二)民事执行中以物抵债可能引发新的民事纠纷

被执行财产在司法拍卖中失败,法院以此次拍卖所定的保留价裁定以物抵债的抵偿价值,这是符合市场交易和法律中公平正义原则的。但如果被执行财产在法院裁定以物抵债后由于客观原因尚未完成如不动产权属过户等登记手续,因市场价值的上下波动又发生重大价值变化的,以物抵债继续执行对当事人一方可能显失公平,易引发争议。除去显失公平问题,由于被执行财产的价值随市场的变化而上下波动,民事社会关系的错综复杂等其他诸多客观原因都有可能造成以物抵债在适用中出现问题。

司法实践中,执行程序中以物抵债的“物”以不动产居多。结合市场经济的具体情况,被流拍的不动产在被法院裁定以物抵债后,其价值确实可能随着市场经济的波动而发生较大的价值变化,在这种情况下法院就面临继续履行以物抵债裁定对当事人显失公平,以及其他原因导致的是否需要撤销原以物抵债裁定的问题。

(三)改进的前提:对现有规定架构的解读

我国流拍的相关规定,前文对流拍的定义已经进行了基本介绍。本部分将以流拍规则的具体限定性条件与元素为基础,对流拍财产抵偿规定之公平原则逻辑进行详细梳理。我国民事执行拍卖制度出于对执行成本和执行效率的综合考虑，本着合理利用司法资源的基本原则，兼顾被执行人利益（防止拍卖财产过分贱卖而损害被执行人利益）三重目的考虑，对动产、不动产或者其他财产权的拍卖次数作出了限定性规定，又基于动产、不动产财产价值的大小差异对应于法院及相关当事人不同的慎重程度，我国《拍卖变卖规定》对民事执行拍卖制度中动产、不动产或其他财产权利的拍卖作出了不同的限定性规定。[①]

从规定的内容与结构可以见得，我国《拍卖变卖规定》在动产与不动产流拍后处理程序的差别对待主要表现在两个方面：一是拍卖次数方面，对动产的拍卖以两次为限，经

---

① 《拍卖变卖规定》第23条规定："拍卖时无人竞买或者竞买人的最高应价低于保留价，到场的申请执行人或者其他执行债权人不申请以该次拍卖所定的保留价抵债的，应当在六十日内再行拍卖。"

《拍卖变卖规定》第24条规定："对于第二次拍卖仍流拍的动产，人民法院可以依照本规定第十六条的规定将其作价交申请执行人或者其他执行债权人抵债。申请执行人或者其他执行债权人拒绝接受或者依法不能交付其抵债的，人民法院应当解除查封、扣押，并将该动产退还被执行人。"

《拍卖变卖规定》第25条规定："对于第二次拍卖仍流拍的不动产或者其他财产权，人民法院可以依照本规定第十六条的规定将其作价交申请执行人或者其他执行债权人抵债。申请执行人或者其他执行债权人拒绝接受或者依法不能交付其抵债的，应当在六十日内进行第三次拍卖。第三次拍卖流拍且申请执行人或者其他执行债权人拒绝接受或者依法不能接受该不动产或者其他财产权抵债的，人民法院应当于第三次拍卖终结之日起七日内发出变卖公告。自公告之日起六十日内没有买受人愿意以第三次拍卖的保留价买受该财产，且申请执行人、其他执行债权人仍不表示接受该财产抵债的，应当解除查封、冻结，将该财产退还被执行人，但对该财产可以采取其他执行措施的除外。"

过两次拍卖仍然流拍又不能以物抵债的，应当解除查封、扣押，将该动产退还被执行人；对不动产或者其他财产权最多可以拍卖三次。二是流拍后的处理程序方面，基于不动产或者其他财产权较高的财产价值，执行法院及相关权利人对其谨慎程度更高，规定不动产或者其他财产权只有经过“三次拍卖、一次变卖”程序后仍无法实现该不动产或其他财产权的顺利变价，又不适合采取其他执行措施的，方可解除查封、扣押，将该不动产或者其他财产权退还被执行人。

总之，我国关于流拍财产抵偿的规定是基于“财产性质—当事人意思”二元框架构建起来的，因而更加强调程序上与价值上的公平性。事实上，现有《拍卖变卖规定》对流拍财产抵偿的处理程序规定是十分清晰的，至少从司法程序的视角来看，三条规则囊括了各类别财产抵偿与当事人意思的处理方法。不过，如同前文对问题的描述，我国相关规定缺少从财产处理与意思自治视角的以物抵债规制，仅就流拍财产抵偿而言，其所涉意思自治领域较为狭窄而只需完成当事人意思之真实性、有效性表达即可，系民法上意思自治规则内容，在此不表。因此在这里更多强调从财产处理视角的建议，即下文对抵偿前尽职调查的明晰化。

除以上传统拍卖外，我国 2017 年施行了《网拍规定》，其中也对流拍进行了相应规定，[①]但并未提及关于流拍财产的抵偿，而是对财产不分性质地规定了二拍后的变卖流程。同样，《网拍规定》中也没有关于流拍调查的规定，仅在第13条提及拍卖前的评估报告要求，由于其不明确涉及流拍财产抵偿，在此暂不予以讨论。

（四）司法风险规避建议：流拍财产抵偿处理前的尽职调查

流拍财产抵偿这项制度的优点在于能够满足债权人及时实现债权的需求，如果运用得当，可以有效地提高财产处置效率，因此对其规制完善首先应当以尽量保持其优势的继续发挥为善，因而对待处置财产进行必要的调查，是一种能够提高处置准确性而不至于过多损害其效率性的方法。

另外，基于司法实践的状态，我们发现，执行中以物抵债制度自出现时起，立法者便对其不断地加以限制，因为以物抵债的效力具有较强的直接性，经常由法院一纸裁定后，价值颇巨的土地使用权等财产或财产性权利就实现了主体

① 《网拍规定》第26条规定："网络司法拍卖竞价期间无人出价的，本次拍卖流拍。流拍后应当在三十日内在同一网络司法拍卖平台再次拍卖，拍卖动产的应当在拍卖七日前公告；拍卖不动产或者其他财产权的应当在拍卖十五日前公告。再次拍卖的起拍价降价幅度不得超过前次起拍价的百分之二十。再次拍卖流拍的，可以依法在同一网络司法拍卖平台变卖。"

的变更。[①] 所以，根据以物抵债本身的特点需要在以物抵债的裁定作出前，针对一些问题进行严格审查，从而规避相关法律风险。

因此，无论是为了满足处置确定性与效率性，还是为了回应民事执行程序中以物抵债的直接性需求，都指向对流拍财产抵偿的审查需求。目前，现有规定中没有对该审查的规制，因此结合民事司法拍卖的实践操作，本节做出了以下总结建议，作为流拍财产抵偿处理前的尽职调查的基本框架。

第一，应当审查接受以物抵债的主体是否适格。有些以物抵债的标的具有特殊性，接受以物抵债的主体具有相应的资格才可以过户。例如，受限购政策影响的房屋、车辆，以及需要企业具备相应的资质才能拥有的特许经营权等。对这类财产法院在作出以物抵债裁定前，应当要求接受以物抵债的债权人提供相应的资格证明，防止因财产无法过户导致以物抵债裁定无效，损害司法权威。

第二，应当审查以物抵债标的的相关信息是否有误。实践中，除了合意抵债外，强制抵债和流拍后的以物抵债一般都会将相关机构出具的评估报告作为确定抵债财产价值

① 参见邓沁婷：《不动产执行制度研究》，中南财经政法大学 2020 年博士学位论文。

的依据。出具评估报告所依据的财产基本信息由法院提供。如果法院提供的信息有误,就可能导致评估价与财产实际价值严重不符,造成接受以物抵债债权人的重大误解。在审查中,本步骤最重要的是应对财产的相关信息进行审查,以登记机构登记簿上记载的内容为依据对其进行必要的检视,如果法官发现登记簿上的信息与实际情况不符,应当及时纠正。

第三,应当审查以物抵债标的上其他权利的存在情况。例如,是否存在优先购买权、担保物权等。因为财产权属的转移会对这些权利人产生重大影响,法律也设置了相应的程序消除以物抵债会给其他权利人带来的不利影响。假设某案中的申请人处于排位靠后的抵押顺位,因而在其申请以物抵债之前需要征询排在前顺位的抵押权人是否愿意接受以物抵债,只有在前顺位的抵押权人放弃接受以物抵债的权利后,该债权人才具备相应资格。因此在作出以物抵债裁定前,法院要充分考虑对抵债财产他项权利人权益的维护,避免侵害他人的合法权益,导致司法赔偿。

另外,从裁定效力的视角看,在操作时应当注意,以流拍财产抵偿为内容的以物抵债裁定作出后,应严格维护以物抵债裁定的效力,保护竞买人、接受以物抵债人的合法权益。其他受损害者,应通过另诉或司法赔偿的路径解决;不能轻易撤销以物抵债裁定,否则会破坏司法的稳定性,最终损害整个司法拍卖制度的公信力与司法权威。

第二节　流拍财产的发还

一、流拍财产的发还发生与执行

要了解流拍财产进行发还操作的起因,首先应当厘清流拍财产为何会处于待发还的状态。人民法院在强制执行程序中,对被执行人名下的财产穷尽变价措施后仍无法变现成功的情形十分常见,此时执行法院一般会以控制的财产不能处置为由裁定终结本次执行程序并作结案处理,待申请人发现可供执行财产时恢复案件执行。[①] 那么,此时涉案财产就处于待处置的状态,这也是流拍财产发还的前提。

当然,涉案财产所处的待处置状态并不代表一定发生流拍财产的发还操作,事实上,这种待处置状态究竟适用二次处置拍卖还是适用财产的发还与查控是司法实践中经常面临的问题。[②] 对此,应当结合有关规定进行分析。如前所述,流拍财产抵偿制度针对不同性质的财产以及当事人

---

① 参见童兆洪:《论民事执行权的运行》,载《法律适用》2004 年第 1 期。

② 参见王军霞:《被执行财产穷尽变价措施未成交的二次处置》,载《人民司法》2022 年第 17 期。

不同的意思采取不同的规制方式,作为拍卖流拍的财产适用的待处置措施更是由于拍卖方式的不同而呈现不同的状态。自2017年《网拍规定》实施后,实践中,网拍成为优先选择的拍卖方式,对一些不适宜采取网拍或者法律规定必须通过其他途径处置的财产仍然适用传统拍卖,[①]而网拍与传统拍卖的变价环节是不一样的。采取网络司法拍卖方式处置被执行财产的,不需要区分财产类型,被执行财产经一拍、二拍流拍后,可以直接在同一平台或者应申请人的申请转换平台进入变卖程序。在这种情况下,虽然《网拍规定》规定可以而非应当进入变卖环节,但是为了高效利用司法资源,尽快实现申请人的胜诉权益,执行法院一般会选择在二拍流拍后直接进入变卖环节,以增加财产变现的可能性。当然,被执行财产在每次竞价程序流拍后,申请人或者其他债权人均可以提出抵债申请,变价程序即告终结。采取传统拍卖方式处置被执行财产的,根据《拍卖变卖规定》,需要区分动产、不动产及其他财产权。对动产,需要经过两次拍卖程序;对不动产或其他财产权,需要经过三次拍卖外加变卖程序。同样,任一竞价程序结束后流拍的,申请人或者其他债权人均可以申请抵债从而结束变价程序。

---

① 参见常廷彬:《论强制执行请求权——兼论判决确定权转移受让人的适格条件》,载《政治与法律》2009年第5期。

在上述程序完成后，如果仍然未能处置完成，留待处置的流拍财产就会面临发还的问题。2022 年《民诉法解释》第 490 条规定经过变价程序未成交，申请执行人又拒绝接收或者管理的，要将财产退回被执行人；《拍卖变卖规定》第 25 条规定在无法对涉案财产采取其他执行措施后，应当解除查封、冻结，将该财产退还被执行人；最高人民法院《查封规定》第 28 条规定对涉案财产无法采取其他执行措施的，人民法院应当作出解除查封、扣押、冻结裁定。基于上述司法解释的规定，在被执行财产穷尽变价程序仍未完成变价的，被执行人往往会申请人民法院对被执行财产作出解封处理，从而进入发还程序。

在处理流拍财产解封与发还问题上应当注意以下几点。

全面解读现有法律规定的解封条件及内在逻辑，仔细分析上述司法解释后会发现，法律允许将未变价成功的财产进行解封与发还，但是需要满足一定的条件：一是执行法院已穷尽财产变价程序且申请执行人或其他债权人不接受以物抵债；二是没有其他可以采取的执行措施。在司法实践中，是否已经穷尽财产变价程序往往比较容易判断和把握，而是否还有其他可以采取的执行措施则见仁见智，带有较强的主观能动性。基于执行法官各自的专业能力以及认知水平的不同，如果在尚未找到其他适当措施时就对涉案财产作出解封处理,势必会造成涉案资产的失控。存在轮候查封的情况时,本案申请执行人的在先权利就会丧失,从而引发极大的执行风险。从案件执行角度考虑,立法者并不愿看到在申请人的债权尚未实现的情况下让已查控财产脱离控制回归被执行人。现有司法解释的规定与其说是一种执行规范指引,倒不如认定为是一种法律态度或法律宣言。执行法官在财产变价未成功时应当充分发挥主观能动性采取各种可能的执行措施,尽量避免被执行财产处于僵尸状态,努力寻求财产效用最大化的处置方式,从而更有效地保障债权人的胜诉权益。

执行法官从保护债权角度选择合理的执行措施。执行法官在面对流拍财产是否应作解封处理时,需要把握一个基本原则,即以保障债权实现为出发点,不允许冒着丧失申请人胜诉权益的风险博取涉案财产可能的流通和变现,除非申请人同意作出权利让渡。从社会资产的经营和管理的角度来看,法院的司法处置措施往往非常有限,需要借助市场化的手段实现资产的变现甚至增值。因此,在被执行财产穷尽变价程序后仍未完成变价时,是选择解封还是继续查控,不能一概而论,应从充分保障申请人债权实现的角度听取双方当事人的意见,选择最优的执行措施。具体包括以下几种:一是双方协商一致同意对涉案财产作出解封并交由被执行人管理或处分时,执行法院应当尊重当事人的意愿;二是债务人申请对涉案财产自行处置时,执行法院经审查后在能够控制变价款的前提下可以准许;三是申请人具备资产处置和管理能力,且涉案财产具有较大的增值空间时,执行法院可以将财产交由申请人管理,管理期间产生的收益应当抵扣债权金额;四是涉案资产价值较大,尤其存在轮候查封情况的,人民法院应继续采取查控措施,待条件成熟后启动二次处置程序,避免资产失控;五是财产价值较小、市场接受度不高且申请人未申请续封的,执行法院可以选择解封或者到期自动解封。

借助异议程序支撑执行方案或纠正执行行为重在程序性的审查和判断,在执行法院作出一定的执行措施决定后,可能面临来自当事人的异议:一是执行法院对被执行财产作出解封或者到期自动解封决定的,申请人由于实现债权,会对解封行为提出异议;二是在被执行财产穷尽变价程序后未能成交,法院继续采取查控措施的,被执行人一方提出异议。基于执行措施的有限性,无论采取何种执行方案,都不可能一次性解决所有问题。此时,可以通过执行异议程序对当事人的异议进行审查。经审查,异议成立的,撤销原执行措施,使执行行为得到及时纠正;异议不成立的,予以驳回,继续执行原措施。

总而言之,流拍财产的发还与其前置的解封程序牵扯多方实体利益或程序利益,应当注意审核其启动条件并审慎执行、查控。

二、流拍财产发还的后果

前文梳理了流拍财产在何种情况下将被发还被执行人,但是尽管一些案件中,流拍财产被解除强制措施并实施了发还,但也不能确定其最终的归属状态。不过,已经发还的流拍后财产是否可被恢复执行,也是实践中亟待解决的问题,对此,最高人民法院在“青海东湖旅业有限责任公司与青海银行股份有限公司其他执行申请复议”案件的裁判文书中,给出了一定的解答。以下为本书对最高人民法院在该案裁判文书中认为关于“对于流拍后已退还给被执行人的财产仍可对其强制执行的问题”的归纳总结。

该案中,青海东湖公司在复议答辩中提出,青海高院恢复执行不当,不应当对已经流拍且退还给被执行人的财产再次查封并重新拍卖。对此,最高人民法院认为,执行法院依据最高人民法院《拍卖变卖规定》第 25 条第 2 款的规定,将案涉标的物解封后退还给被执行人,并不意味着被执行人可以不再履行生效法律文书确定的义务,亦不意味着该标的物因此具有了不可执行性。该标的物作为债务人的责任财产,仍可用于清偿债务。只要申请执行人的债权未得全部受偿,人民法院即可依法对被执行人的包括已解封、退还财产在内的可执行财产采取执行措施。该案中,案涉标的物在前次拍卖程序中未能变现,被执行人也未以其他财产清偿全部债务,只有对案涉标的物重新评估、拍卖才能实现债权人之债权,故青海东湖公司的此项答辩理由不能成立。

最高人民法院的裁判文书内容,直接对《拍卖变卖规定》第 25 条进行了解释,其表明解封与退还程序与继续履行义务不具有同质性,也就是说对流拍财产的发还只是一种管理行为,其意义仍然在于使被执行财产尽量发挥其效用,如果法院作出了解封发还的裁定,也仅代表在该具体案件中,采用发还的手段相比其他方式能最大限度地保障债权人利益的实现,又或者其他方式已经无法实现债权人利益。总之,对流拍财产的发还并不是该财产的终局性状态,只要流拍后财产符合恢复执行的条件,仍然会被用于清偿债务而进入执行程序。

另外,2004 年最高人民法院就当时刚刚出台的《拍卖变卖规定》答记者问,其中也对涉及流拍财产发还后,财产的后续处理就有关问题进行解答。在问答中,记者提问,在拍卖实践中,流拍的情形时有发生。如果出现了流拍,是否要继续拍卖,直到拍卖成交为止? 相关人员答复,如果根据其他规范规定的程序实施后,财产既不能成功变现,又不适合采取其他执行措施的,就应当解除查封、扣押、冻结,将该不动产或者其他财产权退还被执行人。将拍卖财产退还被执行人后,对该财产的拍卖就告一段落。当然,如果将来该财产升值,可以考虑重新启动拍卖程序进行拍卖。从该答复中可见,并没有明确法律规定,经过流拍后还能否再次启动拍卖程序。在被拍卖的不动产三次流拍后,将该不动产退还被执行人并不是唯一途径。如果出现将来该财产升值等情形,人民法院可以考虑重新启动拍卖程序。该问题在法院自主裁量权的范围内,与现行法律法规并不冲突,同时也能够最大限度地保护双方当事人的合法权益。

综上所述,多方资料与例证都显示,流拍财产的发还只是对该财产处理的阶段性后果,并非对流拍财产的终局处理结果,其仍可能面临再次拍卖等执行程序。

第三节　流拍财产的强制管理

所谓流拍财产的强制管理,从字面上理解,其应当属于民事执行强制管理在流拍财产上的体现。不过,目前普遍认为,2022 年《民诉法解释》第 490 条中规定,人民法院可以将被执行人无法拍卖或者变卖的财产交付申请执行人管理;申请执行人拒绝接收或者管理的,退回被执行人。这是对我国民事执行中的强制管理制度的首次确立,因而,民事执行强制管理制度,实际上处理的就是被执行财产在流拍或其他变价措施失败后的管理问题,所以所谓流拍财产的强制管理问题,与民事执行强制管理在大体上是具有同质性的,对流拍财产强制管理的研究,很大程度上就是对民事执行强制管理问题的研究。

民事执行的强制管理有利于促进物尽其用,对于实现债权人的合法权益具有重要意义,同时也能兼顾被执行人的利益,是一项解决执行难题的实招。鉴于我国现行规范对强制管理主体、强制管理的适用对象以及强制管理的适用条件等事项尚未作出明确具体的规定,因此有进一步探讨的必要和空间。

一、民事执行中强制管理的适用对象

目前,立法对强制管理的适用对象没有明文规定。理论上讲,法院对被执行人的财产进行强制管理,管理人对该执行标的享有占有权和收益权,也即管理人对被管理财产享有物权(所有权)上的部分权能。就此而言,强制管理对象应当包括动产和不动产两种财产类型。但在具体案件中并非所有涉案动产、不动产均可作为强制管理的对象,理由如下。

首先,根据2022年《民诉法解释》第490条的规定,强制管理的对象应为被执行人所有且无法即时拍卖、变卖或者折价的财产。这就既包括由于事实原因无法即时拍卖、变卖或者折价的财产,也包括由于法律原因无法即时拍卖、变卖或者折价的财产。前者如由于市场行情原因导致拍卖、变卖未成交的情形,后者如存在禁止让与的情形等。其次,大陆法系国家传统上以不动产为强制管理对象,只在极个别例外情形下将船舶、航空器等特定动产作为强制管理对象。将动产或者不动产作为强制管理对象,实质上是为收取管理动产或者不动产所产生的收益。因而作为强制管理对象的动产或者不动产,通常情况下能够产生天然收益或法定收益。最后,强制管理对象的收益,包括天然收益和法定收益,既针对强制管理前已产生的既得收益,也针对强制管理后将来可以产生的预期收益。换言之,即使实施强制管理之前,被管理的财产尚未产生收益,只要进行强制管理后能够产生收益,亦可作为强制管理的对象。但是无论天然收益还是法定收益,均不能包含经营性收益,因为如果涉及债务人的营业权,管理人介入经营行为反而可能产生新的债权债务关系,也会构成对企业自主经营权的不法干涉。

二、民事执行中强制管理的主体

通常而言,强制管理主体是法院任命行使管理收益权的管理人,其具有执行法院辅助机关和实体法上代理效果的双重属性。换言之,强制管理主体受执行法院的委托,行使债务人对执行标的的管理收益权。一方面,管理人辅助法院行使执行权,协助执行法院对执行标的进行管理,但其本身并不是国家执行机关;另一方面,管理人以自己的名义行使管理收益权,系执行程序中双方当事人的代理人,第三人对管理人所为给付行为,相当于第三人对债务人的清偿;管理人对收益的分配,相当于债务人对债权人的清偿。

《民诉法解释》第 490 条规定强制管理主体为申请执行人。本书认为,可以适当扩大强制管理主体的范围,即可将执行标的交由申请执行以外的其他人进行强制管理。主要理由在于:其一,从我国的执行实践来看,申请执行人并不一定都适合担任管理人,如申请执行人突发疾病或者遭遇自然灾害等情形,或申请执行人欠缺相关方面的管理能力、知识与水平,在这些情形中就有必要选任、变更其他主体为管理人。其二,执行法院对管理人的选任享有最终决定权,如果仅将其选任对象限定于申请执行人,则明显不利于充分发挥该制度的应有功能。因此,不宜将管理人局限于申请执行人,可由法院根据案件的具体情况进行选任。

另外,申请执行人包括自然人、法人和非法人组织。实际上,除了自然人主体之外,法人、其他组织能否担任管理人存在一些争议。从实践需求来看,法人或者其他组织作为申请执行人的案件不在少数,赋予此类申请执行人管理主体身份,有利于缓解执行主体间的对抗性。如在某再担保公司与 A 公司、自然人 B 保证合同一案中,担保公司对

B 名下位于某处的房屋有优先受偿权,但该房屋两次拍卖均流拍,申请人不接受以物抵债,申请强制管理,强制管理方案为:某再担保公司以自己名下签订的租赁合同,通过收取租金实现债权,管理期限为三年,某再担保公司自愿放弃管理费用,法官对其行为进行监督。该案例中某再担保公司自愿放弃管理费用,具有相应的管理能力,能够妥善管理,实现物尽其用。因此,自然人、法人或非法人组织均可成为强制管理的主体。

三、民事执行中强制管理的适用条件

根据《民诉法解释》第 490 条的规定,强制管理的适用必须具备三个基本条件:一是执行法院应依法对被执行人的财产先行采取拍卖、变卖措施或该财产本身无法拍卖或者变卖;二是经申请执行人同意;三是不能损害其他债权人的合法权益和社会公共利益。上述规定分别从程序条件、主观条件和限制性条件三个方面对强制管理的适用进行规范。

就程序条件而言,实施强制管理的前提条件是已先行采取拍卖、变卖措施或者财产本身无法拍卖、变卖。对于前者而言,根据《拍卖变卖规定》第 24 条、第 25 条的规定,动产须经过两次流拍、不动产经过三次流拍等程序,申请执行人或者其他债权人拒绝接受折价、以物抵债时,法院将解除查封、扣押或者冻结,并将该财产退还被执行人。但上述规定并不意味着强制管理动产或者不动产必须经过两次或者三次流拍才可适用。因为强制管理只是对拍卖措施的一种有益补充,其主要目的在于通过该机制受偿部分金额,对执行标的进行有效控制和有序管理,以便于后期再次进行处置,清偿全部债务。财产无法拍卖、变卖的情形,需要根据市场行情及其他相关情况进行判断,而不能一概以不成交次数作为判断的唯一依据。如前述某再担保公司与A公司、自然人B保证合同案例中,即使该涉案房产仅两次拍卖、变卖未成交,从市场行情看,如果没有必要进行第三次拍卖,那么适用强制管理也无不妥。

就主观条件而言,在适用强制管理前,需要征得申请执行人的同意。强制管理程序可依申请和依职权启动。依申请启动的,在申请执行人申请强制管理之时,即已表达适用强制管理的意愿,无须再单独征求其意见;而依职权启动强制管理时,须征得申请执行人的明确同意表示。

就限制性条件而言,强制管理不能损害其他债权人的合法权益和社会公共利益。这一条件属于排除性条件,如果发现强制管理具有损害其他债权人合法权益或者社会公共利益的情形,法院应依法撤销强制管理的适用。

民事执行中的强制管理不仅涉及申请执行人债权的实现,也关系到被执行人的切身利益,同时也可能涉及其他债权人的合法权益和社会公共利益。目前,“强制执行法”即将出台，期待立法将强制管理中的管理主体、对象、适用条件以及管理人的选任、管理期限以及对管理行为的监督等内容一并加以规范。

四、对强制管理制度在学理上的探讨与改进空间

前述内容对我国民事执行强制管理制度的基本框架与适用进行了阐释，在学理上，对于《民诉法解释》第 490 条的性质与我国民事执行强制管理制度的研究仍然存在争论，在此对一些观点进行总结和展示。

执行的关键步骤在于及时、迅速地控制被执行人的财产，[①]而我国《拍卖变卖规定》对不动产拍卖经过三次拍卖、一次变卖后又难于实现以物抵债情形的对策为解除对不动产的查封、扣押，有观点认为此举过于草率，[②]对最大限度地实现不动产变现显得努力不够，放弃得太早。解除查封、扣押等财产控制措施后，债务人得处分该财产，如此一来，债权人债权的实现更加遥遥无期。

结合德国、日本、韩国的民事强制执行程序中的强制管理制度，其实强制管理，更多是指民事执行中，执行法院选

① 参见马登科：《民事执行的现代转型与制度创新》，厦门大学出版社 2014 年版，第 331 页。

② 参见孙伟峰：《民事执行强制管理制度研究》，西南政法大学 2015 年博士学位论文。

任管理人对已查封的不动产实施管理,以管理所得清偿债权。具体说来,国际上强制管理制度具有如下特征。

一是强制管理通常仅适用于不动产,其存在的土壤在于不动产的使用价值与交换价值分开使用并不影响各自价值的实现,而动产价值通常较小、流通方便,执行起来通常不存在难以拍卖或不宜拍卖的情形,因此一般无须适用强制管理。

二是强制管理的执行标的为不动产的使用收益权,此特点是其与民事执行拍卖的最主要区别之一,即民事执行拍卖的执行标的为拍卖物的所有权。

三是理论上不少国家都将强制管理置于"以济拍卖之穷"的补充地位,即强制管理只有在不动产难以或不宜拍卖时才适用。

我国2022年《民诉法解释》第490条被较为普遍地认为是我国强制管理制度的雏形,但结合上述内容可知,民事强制执行程序中的强制管理制度,只是我国民事执行程序中折价抵偿的一种变通方式,理由如下。

首先,由上述阐述可知,强制管理的适用范围仅限于不动产的使用收益权,而该条既适用于不动产,又适用于动产,对动产适用强制管理不符合强制管理补充民事执行拍卖的立法初衷。

其次,强制管理是强制执行程序中的一种变现措施,因此其如同民事执行拍卖一样，具有一定程度的强制色彩，而该条规定的管理以债权人同意接受为前提，并不具有任何强制色彩，难以称作强制管理。

最后，从管理人选任方面，真正的强制管理与我国该条规定的管理存在较大差异，且无论如何，强制管理的管理人选任也不可能只如2022年《民诉法解释》第490条所述由申请执行人管理。

结合上述，一些观点认为我国民事强制执行领域应引进国际强制管理制度。[①] 并且认为，根据民事执行拍卖与强制管理之间的关系，可将强制管理制度分为三种：一是单纯的强制管理；二是并行的强制管理；三是辅助的强制管理。结合我国民事强制执行的司法现状，倘若在我国的民事执行程序中设立强制管理制度，则应为辅助的强制管理，在具体构建程序时应当注意以下问题。

首先，强制管理的适用时间。不动产执行拍卖在经过两次降价流拍又无法实现以物抵债情形时，执行法院可以委托管理人强制管理该不动产，通过获得不动产的使用价值，以管理所得的收益清偿债权。只有在强制管理确有困难或意义不大时，执行法院方可解除对该不动产的查封、扣

---

① 参见孙伟峰：《民事执行强制管理人的主体资格探析》，载《东岳论丛》2017年第5期。

押措施,终结此次执行拍卖程序。

其次,在管理人的选任方面。日本民事执行法规定信托公司、银行及其他法人可为管理人。韩国民事执行法规定,管理人由法院任命,债权人可推荐适当人为管理人。因为强制管理的管理人在接手拍卖不动产后,是该财产的实际权利人,其有权利对该拍卖不动产的使用价值行使决定权,以最大限度地提升不动产的收益。因此,强制管理的管理人应当具备与其管理业务相对应的管理能力和承担过错的赔偿责任能力(即因管理过错而产生的对财产所有人的赔偿责任)。借鉴国外的先进立法,我国强制管理制度的管理人可由法院在银行、信托公司、律师事务所及会计师事务所等相关专业中介机构中选任。

最后,基于法律赋予强制管理人对流拍后不动产享有的部分处分权能,有必要对强制管理人的监督作出规定。意大利民事诉讼法规定,在法官确定的期限内,每季度末管理员应向文书室提交其经管账目,并且按照法律规定的方式积存可支配收入。韩国民事执行法规定,由法院决定强制管理的必要事项和管理人的报酬,指挥和监督管理人,必要时可以命令管理人提供担保。对此,一些观点认为,[①]我

① 邓沁婷:《论〈民事强制执行法(草案)〉强制管理制度的完善》,载《荆楚法学》2022年第6期。

国民事执行拍卖强制管理制度中的管理人人选应由法院经过必要审查后慎重选任；法律应对管理人在履行职责时享有的权利、应承担的义务（善良管理人义务）以及需要管理人提供担保的特别情形作出明确的规定；在管理人依法履行职务行为的过程中，允许当事人对管理人的不当行为向法院提出异议，法院具有随时要求管理人陈情、解释的监督权力。

第十二章　司法拍卖中的税费承担问题

第一节　司法拍卖税收概述

当前，司法拍卖已经成为法院处置财产的主要方式，随着司法拍卖活动的日益增多，涉税纠纷也逐年增加。司法拍卖，尤其是不动产拍卖中涉及的税费承担问题，已经成为司法拍卖中的热点问题，同时也是司法实践中困扰法院执行的难点问题。本章主要围绕不动产拍卖的税收问题进行探讨。

一、不动产司法拍卖中的税费种类

（一）司法拍卖中的税收种类

不动产司法拍卖中涉及的税收种类繁多，类型复杂，主要涉及以下税种：增值税、教育费附加、地方教育费附加、城市维护建设税、个人所得税或者企业所得税、土地增值税、印花税和契税。

增值税是对提供应税商品或者应税劳务取得的增值性收入所征收的税种。不动产司法拍卖中增值税是以不动产交易过程中的增值额作为计税依据。不动产交易中增值税的计算首先要区分纳税义务人是一般纳税人还是小规模纳税人,二者之间适用的增值税税率不同,一般纳税人的增值税税率高于小规模纳税人。如果纳税义务人为一般纳税人,在计算增值税时还需要了解初次取得不动产的时间,如果是在 2016 年 4 月 30 日前取得的不动产,即可选择采用简易计税法;如果是在 2016 年 4 月 30 日之后取得的不动产,则只能采用一般计税法。

教育费附加、地方教育费附加、城市维护建设税,这三个税种并称增值税附加税,是以增值税额作为计税依据的税种。在不动产司法拍卖中,这三个税种以不动产交易中实际缴纳的增值税作为计税依据,与增值税同时缴纳。

个人所得税是以个人在中国境内、境外取得的全部所得为计税依据的税种。在不动产司法拍卖中,如果被执行人是个人,则此人应该就不动产司法拍卖所得缴纳个人所得税。

企业所得税是以企业的全部生产经营所得和其他所得为计税依据的税种。在不动产司法拍卖中,如果被执行人是企业,那么企业应该就不动产拍卖所得缴纳企业所得税。

土地增值税是以转让土地使用权、地上建筑物及其附着物所取得的增值额为计税依据的税种。在计算土地增值税时,涉及税前扣除项目,包括:取得土地使用权的成本、开发成本及费用、转让房地产相关税金、评估费用及其他可扣除项;同时,土地增值税的计算采用四级超率累进税率,计算过程比较烦琐。

印花税是以经济活动中订立的有法律效力的凭证的金额为计税依据的税种。不动产司法拍卖中,印花税以不动产拍卖价格为依据计算缴纳金额。

契税是以不动产产权发生转移时,不动产交易价格为计税依据的税种。在不动产司法拍卖中,契税应以不动产拍卖价格为计税依据。

(二)司法拍卖中的费用种类

司法拍卖中的费用类型,按照司法拍卖实践,大致包括以下几个种类:有线电视、电话、水、电、煤、暖、物业管理等费用,既包括上述项目户名变更的手续费用,也包括欠缴费用的补缴。

二、法律法规对不动产拍卖中税费负担的相关规定

不动产司法拍卖中的税收问题,一般涉及税收规定和司法拍卖规定两个方面。我国法律法规中对司法拍卖

税收,尤其是纳税义务的相关规定主要集中在《税收征收管理法》《网拍规定》以及各种税种的单行法和暂行条例中。具体可以进一步区分税法和《网拍规定》中的相关规定。

在税法上,与不动产司法拍卖税费相关的主要涉及不动产交易环节纳税义务承担的相关规定。这些规定主要分布在《税收征收管理法》和各种税法的单行法和暂行条例之中,具体都是对各税种纳税义务人的相关规定。《税收征收管理法》对纳税人作出了总体的规定:纳税人是按照法律、行政法规规定负有纳税义务的单位和个人。《增值税暂行条例》中规定,增值税纳税人是指在我国境内销售货物或提供应税劳务的单位和个人;企业所得税纳税人是按照《企业所得税法》规定在我国境内取得收入的组织;个人所得税纳税人是按照《个人所得税法》规定在我国境内、境外取得收入的居民个人;土地增值税纳税人是按照《土地增值税暂行条例》规定转让国有土地使用权、地上建筑物及附着物并取得收入的单位和个人;契税纳税人是按照《契税法》规定在转让土地、房屋权属时,承受的单位和个人;印花税纳税人是按照《印花税暂行条例》规定在我国境内订立应税凭证的单位和个人。由此可见,不动产司法拍卖中涉及的变更登记环节的税费承担具有法律的明确规定,按照上述规定,在不动产司法拍卖中,被执行人是增值税、增值税附加税、个人所得税或者企业所得税、土地增值税、印花税的法定纳税义务人；买受人是印花税、契税的法定义务纳税人，其中，印花税是由被执行人和买受人共同负担的。

至于司法拍卖中产生的费用问题，在涉及费用缴纳的专门法律法规中并没有明确规定。《网拍规定》中对司法拍卖中税费的承担均有提及，其具体表述为：在网络司法拍卖中，因网络司法拍卖产生的税费，应当按照法律、行政法规的规定，由相应的主体承担；没有规定或者规定不明的，人民法院可以根据法律原则和案件实际情况确定税费承担的相关主体和数额。上述规定传达出的理念主要涉及两个方面：一是纳税义务是法定义务，纳税义务人是法定主体，不能随意变更或者任意指定；二是基于司法实践的需要并出于执行效率的考量，在法律或者法规对司法拍卖本身产生的税费没有规定或者规定不明的情况下，赋予法院自由裁量权，根据法律原则和案件的实际情况确定税费承担的相关主体和数额。因此，在司法拍卖中，无论是被执行人还是买受人，都应当按照相关法律和行政法规的要求，依法履行各自的纳税义务。同时，执行法院在承担督促义务之外，也要行使好自身的自由裁量权，在必要时，确定税费承担的相关主体和数额。

第二节 司法拍卖中税费的交纳和负担

在探讨网络司法拍卖中税费的交纳和负担问题之前，必须厘清以下问题。

一、网络司法拍卖是否应当缴纳税费

根据我国税收法律的相关规定，在不动产交易过程中，出卖方应当缴纳营业税、城市建设维护税、土地增值税、印花税等；买方应当缴纳契税、印花税等，但是通过司法拍卖处置土地、房屋所产生的税费问题，除《网拍规定》外，其他的法律法规、司法解释中都没有明确规定。关于税费的负担，也存在两种截然不同的观点。一种观点认为，强制拍卖是公法处分，属于国家司法行为的范畴，因此拍卖标的物不应当缴纳税费；另一种观点认为，强制拍卖与商业拍卖在性质上并无不同，仍然属于交易行为，应当对拍卖标的物征收税费。从目前我国《网拍规定》中的相关条文来看，我国采取了第二种观点。法院在强制拍卖的过程中，参与了标的物拍卖从价格确定到拍卖再到案款分配的全过程。从表面上分析，法院是强制拍卖过程中的一方主体，被执行人是另一主体。但实际上，法院在司法拍卖中的行为只是其在履行法定职责过程中代表国家做出的一种行使国家公权力的

行为，是一种法定代理的委托行为。在司法拍卖的法律关系中，法院只是形式意义上而不是实质意义上的委托人，真正的委托人还是被执行人，对被执行人和买受人而言，司法拍卖在实质上仍是一种买卖关系，是平等的民事主体之间存在的一种特殊的买卖关系，对买卖过程中产生的交易金额应当依照税收法律法规缴纳税费。

二、网络司法拍卖税费负担的现状

（一）现状分析

为了全面掌握当前司法拍卖中税费负担的现状，本书作者在淘宝和京东两大司法拍卖平台以北京市 T 区人民法院和北京市 H 区人民法院为检索条件，检索涉及土地、住宅房屋、商业用房和工业用房的拍卖公告，通过分类整理这些拍卖公告发现，拍卖公告中涉及的税费承担的条款大致有两种情形：一种是由买受人自行办理产权变更登记，由此产生的一些费用由买受人承担；另一种是司法拍卖过程中产生的税费，按照法律、司法解释由相应主体承担。上述两种不同类型的公告内容，呈现明显的时间变化特征。2020 年 10 月，国家税务总局和最高人民法院在对十三届全国人大三次会议第 8471 号建议的答复中明确要求，一是各级法院要最大限度地完善拍卖公告，全面披露标的物各方面的信息，特别是税种、税率、税费等，要以显著提示的形式使买受人知晓;二是各级法院要严格落实司法解释中关于税费承担的规定,严禁在拍卖公告中要求买受人负担一切税费。司法实践中,拍卖公告对税费负担的表述也以这个时间节点为限,由第一种买受人自行负担向第二种按照法律法规各自负担转化。

但司法拍卖中的税费负担是个复杂问题,无论是在理论上还是实践中均面临诸多困境。

(二)司法拍卖税费负担在理论上的争议

理论上,学者们对司法拍卖中的税费负担存在不同的观点,部分学者认为可以由买受人负担一切税费。当前,我国在不动产司法拍卖领域的立法呈现出碎片化的特征,对不动产司法拍卖的相关规定散见于各种司法解释之中,分布散乱,且出台时间较久,无法应对实践中层出不穷的新问题,对不动产交易中纳税义务承担的规定主要分布在各种税法之中,而税法与司法拍卖的相关司法解释衔接不紧密。因此,将司法拍卖中的税费负担统一由买受人承担,极大地提高了不动产变现的执行效率。学者们主张这种税费负担并不改变法定的纳税义务。一方面,税费的支付具有金钱属性,不动产司法拍卖公告中对买受人承担一切税费的规定,只是对税费实际支付人进行了规定,并没有改变法定的纳税义务人;另一方面,这种规定既没有对税款征收造成实质性损害,也没有违反法律法规的禁止性规定,因为税收法律法规对税款的实际承担者并没有明文规定，上述规定只是改变了税款来源，并没有减少税款。

也有学者主张应当由法定纳税义务主体各自承担相应税费。理由主要基于以下几个方面：一是司法拍卖中应当落实税费法定原则，不能改变法定纳税主体，税费应当由被执行人和买受人按照法律规定各自承担；二是将不动产司法拍卖中的一切税费均由买受人负担，是将不动产司法拍卖中的风险转移给买受人承担，不符合公序良俗原则，对买受人显失公平。

（三）实践中不同税费负担规则存在的问题

如前文所述，目前对司法拍卖中税费的负担问题存在两种不同规定，一种是司法拍卖产生的一切税费由买受人负担，另一种是司法拍卖产生的税费由不同主体按照法律法规的相关规定各自承担，但无论哪种税费负担方式，在司法实践中都存在问题。

1. 被执行人缴纳相应税费存在的问题

司法拍卖中的税费负担问题一直是实践中的焦点问题。按照税收法律法规的相关规定，增值税、所得税等税费，其纳税义务人为拍卖标的物的原所有人，即被执行人。由被执行人负担司法拍卖中的所有税费，也存在一些障碍和困难。司法拍卖的显著特征就在于拍卖行为的国家强制性以及拍卖标的物的非自主性。司法拍卖中，往往被执行人已经无力偿还债务，或者已经逃匿，或者是根本不愿意配合缴纳税费。这种情况下，由被执行人负担其应当负担的税费，根本不可能实现。在不动产交易中，我国实行的是先税后证的制度，若无人缴纳税款，税务机关就无法开具完税证明，如果没有相关的完税凭证，会影响买受人办理过户手续，司法拍卖也就无法最终完成。

2. 买受人负担相应税费存在的问题

因为在司法拍卖中由被执行人承担相应的税费可能无法实现，所以，执行实践中，部分法院在拍品的税费负担上采取“一刀切”模式，即把正常交易中应当由出卖人负担的各项税费，统一要求由买受人负担。这种方式引发了一系列问题。首先，税负数额的不确定，影响了司法拍卖的成交率。司法拍卖中，具体的税费负担数额需要竞买人自行到相关部门咨询，由于不动产交易涉及的税费种类繁多，竞买人自行确认需要到诸多单位了解，且主管部门往往以非本人查询为由，予以拒绝。竞买人只能凭借日常经验进行估算，但估算数额不很准确，实践中发生过竞买人估算错误，竞买成功后发现税费远超预期而悔拍的情形。这无疑会打击竞买者参与司法拍卖竞价的热情，造成司法拍卖围观多、报名少的情况。其次，代为缴纳欠费不合理，破坏了原有的债权债务关系。对于房屋的相关欠费而言，原房屋所有权人享受了水电煤服务，与服务提供商之间已经形成了债权债务关系。如果将这一债权债务关系转让给第三人,根据《民法典》的相关规定,应当经过债权人同意。法院通过拍卖公告的形式,凭借自己的意志变更房屋所有权与服务提供商之间形成的债权债务关系,不太妥当。最后,代为缴纳税款争议大。虽然从法律角度分析,买受人负担税款,并不违背税收法定原则。税负法定并不意味着税负"主体"的法定性和专属性,也不意味着交易主体无权对税负主体重新约定,但这并不妨碍竞买人的不满,并由此引发诸多争议。

三、解决司法拍卖中税费负担困境的路径

对司法拍卖中的税费负担问题,目前,《网拍规定》和第 8471 号建议的答复中都已经明确,按照法律法规的相关规定,由被执行人和买受人各自负担应当承受的税费。但对这一规定的具体落实,并非易事。实践中,执行法院的常见做法是:由买受人先行垫付应由被执行人支付的费用,待交易成功后买受人再持相关垫付凭证由人民法院报销,人民法院在拍卖成交款中优先扣除上述费用。但这一做法的前提是法院要完善自身的职能,充分披露相关的信息。首先是完善拍卖公告内容。法院要充分调研被拍卖不动产的情况,了解该不动产是否存在抵押、质押等情况,是否存在租赁关系。充分披露该不动产的详细信息,便于买受人直

接充分地了解不动产的情况。并且,对不动产交易过程中可能产生的税种、税率、纳税时间、税额等关键信息予以详细的披露,便于买受人预估竞拍成本。其次是打破信息的单位限制。法院不动产司法拍卖是一个较为综合的业务,各方主体参与其中,不仅有法院、被执行人、买受人,还需要税务机关、不动产交易中心、房管、国土等行政部门的协作,协作得越密切、越充分、越及时,越有利于法院全面、准确地掌握被拍卖不动产的状态,越有利于解决不动产司法拍卖中纳税义务承担的问题。鉴于当前部分地区法院、税务机关、房管部门都是各行其政的状态,部门之间信息传递不畅,要打破部门协作之间的壁垒,就需要法院充分发挥带头作用,积极落实其在不动产保护中的作用,既要事先防范风险,也要制定相应的救济措施。一方面,尽管法院在不动产司法拍卖中无须承担瑕疵担保责任,但如果是因为法院的失职,未充分尽到调查告知的义务,使买受人基于错误的信息参与竞拍,导致合法利益受到损害,法院应当承担损害赔偿责任;另一方面,除了事先风险防范外,还要构建事后救济制度。如果因为拍卖公告发布的内容与法律法规相违背,导致执行不能的,致使买受人的权益受到损害,买受人可以直接向法院提出国家赔偿;如果由于不可抗力或其他原因损害了买受人的合法权益,买受人可另行向法院提起民事诉讼,主张侵权赔偿。同时,法院如果在不动产司法拍卖过程中发现其他可能损害买受人合法权益的情形，应当立即制止，并马上采取补救措施，避免买受人和其他利害关系人的合法权益受损。司法拍卖中的主导作用，为各部门之间的信息交互搭建起沟通的桥梁，确保信息能够在法院的主导下充分、安全地互通，最大限度地保障买受人的合法权益得到维护。最后是健全买受人的救济机制。在不动产法拍卖过程中存在的各种因素都会对买受人的合法权益产生损害，要对买受人的合法权益进行保护。一方面，法院对上拍的标的物进行全面的尽职调查，尽可能披露标的物的情况，让买受人充分了解情况，审慎作出决定；另一方面，则是在买受人救济的措施上，要尽可能完善救济路径，保障买受人的合法权益。